Doris & Wilfried Schulte

Ein guter Gedanke kommt nie zu spät

Doris & Wilfried Schulte

Ein guter Gedanke kommt nie zu spät

Himmlische Impulse fürs Leben

Brendow
VERLAG + MEDIEN

Bibliografische Information Der Deutschen Bibliothek
Die Deutsche Bibliothek verzeichnet diese Publikation in der Deutschen Nationalbibliografie; detaillierte bibliografische Daten sind im Internet über http://dnb.ddb.de abrufbar.

3. Auflage 2008
ISBN 978-3-87067-954-5

Einbandgestaltung: Georg Design, Münster
Titelfoto: Thomas Georg
Satz: Absatz, Hamburg
Druck und Bindung: CPI – Clausen & Bosse, Leck
Printed in Germany

www.brendow-verlag.de

Vorwort

Gute Gedanken sind für uns wie Melodien, die einfach hängen bleiben. Sie begleiten uns durch den Tag und sind oft recht anhänglich. Man summt sie vor sich hin (zur Verwunderung oder zur Irritation von so manchem Mitmenschen). Sie gehen uns nicht mehr aus dem Kopf. Solche Ohrwürmer können sich wohltuend auf unser Gemüt auswirken.

Gute Gedanken sind wie diese Melodien und doch noch mehr. Sie heben nicht nur die Stimmung, sondern sie setzen sich fest in unseren Köpfen. Sie beschäftigen uns und fordern uns heraus. Sie lassen uns nicht in Ruhe, bis wir uns ihnen zuwenden und ihnen erlauben, in unserem Leben Raum zu nehmen.

Dieses Buch enthält 150 gute Gedanken, die in Ihrem Leben Fuß fassen wollen. Gott möchte Ihnen in Ihrem Leben begegnen. Wir wünschen uns und Ihnen, dass diese Begegnung beim Lesen dieses Buches stattfindet. Sie können viele der Gedanken noch einmal in der Bibel nachlesen, daher haben wir jeweils Bibelstellen genannt, wenn aus der Bibel zitiert wird.

»Ein guter Gedanke kommt nie zu spät« ist ein Buch, das Sie immer wieder zur Hand nehmen können, um darin zu lesen. Denn: Gute Gedanken wollen auch verarbeitet werden, bevor der nächste uns beschäftigt.

Doris und Wilfried Schulte

1

Alle Dinge fangen klein an

Kennen Sie auch das Sprichwort: »Guter Rat ist teuer«? Nun, dieses Sprichwort enthält bestimmt eine große Wahrheit, denn ein guter Rat ist wertvoll und kann in mancher Lebenssituation lebensrettend sein. Von daher kann man einen guten Rat gar nicht genug zu schätzen wissen.

Gottes Wort, die Bibel, ist voll mit guten Ratschlägen, und das sind nicht nur Ratschläge, die Menschen sich ausgedacht haben, sondern die Gott, der Schöpfer, weitergibt. Da heißt es zum Beispiel beim Propheten Sacharja (Sacharja 4, 10): »Denn wer ist's, der den Tag geringer Anfänge verachtet? Alles, was einmal groß und bedeutungsvoll wird, hat im Kleinen begonnen.«

Eine Mut machende Aussage Gottes. Wer sich selbst und all das, was er tut, Gott anvertraut, dem steht ein Potenzial zur Verfügung, dessen Ergebnis man sich gar nicht vorstellen kann. Ein Gott, der den Menschen aus dem Staub formen kann – was kann er aus unserem Leben machen, das wir ihm zur Verfügung stellen!?

2

In der Gemeinschaft sind wir stark

Kennen Sie den Unterschied zwischen Angst und Furcht? Wenn wir von Furcht reden, dann kennen wir den Anlass unserer Sorge; bei der Angst ist es oft ein Gefühl der Sorge, dessen Auslöser wir nicht kennen.

Nun gibt es in unserer Zeit viele Dinge, die uns Furcht oder Angst einflößen. Dabei ist es egal, ob wir sie nun bewusst oder unbewusst erleben. Entscheidend ist doch: Wie werden wir damit fertig? Hier bietet Gott den Menschen, die ihm vertrauen, seine Hilfe an. In Jesaja 41, Vers 10, sagt er: »Fürchte dich nicht, denn ich bin mit dir; sei nicht ängstlich, denn ich bin dein Gott, ich stärke dich, ich helfe dir auch, ich halte dich durch die rechte Hand meiner Gerechtigkeit.«

Gemeinschaft macht stark und vertreibt die Furcht. In der Gemeinschaft mit Gott können wir jeder Lebenssituation begegnen.

Einer, der uns akzeptiert

Ist Ihnen schon einmal aufgefallen, was der Mensch nicht alles tut, um akzeptiert zu werden? Denken Sie nur an die Mode. Vom Äußeren hängt oft ab, ob man akzeptiert oder abgelehnt wird. Manche gehen deshalb sogar so weit und ziehen Kleider an, die ihnen überhaupt nicht stehen, nur um akzeptiert zu werden.
Die Angst vor Ablehnung und einem möglichen Liebesentzug macht den Menschen zum Heuchler, ja sogar zu einem Lügner. Dies kann so weit führen, dass ein Mensch sich selbst untreu wird. So manch einer schließt sich dann einer Meinung an, die er im Grunde gar nicht vertritt.
Da ist es gut zu wissen, dass Gott den Menschen nicht unter Druck setzt. Jesus sagt (Johannes 6, 37), wer zu ihm kommt, den wird er nicht ablehnen. Zu Jesus können Sie so kommen, wie Sie sind. Er liebt Sie, und er akzeptiert Sie! Wenn Sie Jesus Christus Vertrauen schenken, wird er auch Ihr Leben zum Positiven verändern.

4

Gott hört uns zu

Es gibt Zeiten, da scheint die Welt um uns einen Bogen zu machen. Auch bei Gott gibt es Zeiten, in denen er nicht spricht.
Es kommt durchaus vor, dass Gott nicht redet. Aber es gibt keine Zeit, in der er uns nicht hört. Er sieht unsere Freude und unsere Erfolge. Er sieht auch unsere gebrochenen Herzen, selbst, wenn wir eine intakte Fassade aufbauen. Er weiß es, wenn unser Aktionsradius auf ein Krankenzimmer zusammenschrumpft, in dem der Schmerz im Raum und die Medikamente auf dem Nachttisch stehen.
Dann wird Vertrauen auf Gott zur großen Herausforderung – auch da, wo er schweigt. Ein antiker Liederdichter beschreibt die Erfahrung so: »Geduldig habe ich auf den Herrn gewartet, da wandte er sich mir zu, und er hörte mein Schreien« (Psalm 40, 2).
Wir alle geraten in schwierige Lebenssituationen, in denen wir uns einsam und verlassen fühlen. Aber genau dann dürfen wir uns daran erinnern, dass Gott bei uns ist.
Wer sein Leben unter diesem Aspekt begreift, dem fällt es nicht mehr ganz so schwer, Situationen auszuhalten, die so ganz anders sind, als wir sie uns wünschen.

5

Bringen Sie sich in die richtige Ausgangsposition

Ihnen ist sicher aufgefallen, wie sehr sich die Fahrer bei einem Autorennen bemühen, eine gute Ausgangsposition für den Start zu bekommen. Denn dies ist eine Grundregel: Je besser die Ausgangsposition, desto größer sind die Chancen, das Rennen auch zu gewinnen.

Man kann aber den Eindruck gewinnen, dass man bei Gott nie günstige Ausgangspositionen hat. Aber das sieht oft nur so aus. Der Apostel Petrus kam gemeinsam mit einigen seiner Kollegen einmal zu Jesus und sagte ihm, dass sie die ganze Nacht ohne Erfolg gefischt hatten (Lukas 5, 5). Als er sich dann Jesus anvertraute und das tat, was Jesus gesagt hatte, erlebte er den größten Fischfang seines Lebens. Obwohl es eigentlich eine unlogische Anweisung gewesen ist. Dies ist nur möglich, wenn man Jesus Christus wirklich alles anvertraut.

6

Gehen Sie den Weg in die Freiheit

Es kann uns im Leben sehr schnell passieren, dass wir in eine Sackgasse hineingeraten, aus der es scheinbar keinen Ausweg gibt. Das Leben schickt uns manchmal in einen Irrgarten.
So ähnlich ging es auch dem Propheten Jona, der vor Gott wegrannte und sich dann am Ende im Bauch eines großen Fisches wiederfand. In dieser Situation tat Jona vier Dinge, die ihn schließlich wieder aus dieser sehr ungemütlichen Lage herausgebracht haben.

1. Er betete zu Gott und bat um Hilfe.
2. Er gewann eine neue Perspektive für seine Situation, indem er sich an die Güte Gottes erinnerte, an das, was Gott schon für ihn getan hat.
3. Er fing einfach an, Gott für das zu danken, was er noch in seinem Leben tun würde.
4. Er versprach Gott, ihm von nun an zu gehorchen und den Auftrag auszuführen, vor dem er sich so gesträubt hatte.

Unser Reden mit Gott, unser Schauen auf ihn mit einer neuen Perspektive, unser Dank ihm gegenüber und das Vertrauen, das wir ihm und seinem Auftrag für unser Leben neu schenken, das führt auch uns jeden Tag neu in die Freiheit.

7

Schieben Sie nichts auf die lange Bank

Gewiss kennen Sie das auch: etwas auf die lange Bank schieben. Und wer kennt nicht diese Erfahrung, dass man Dinge, die einem unangenehm sind, Entscheidungen, die man nicht fällen möchte, und Aufgaben, die einem nicht liegen, einfach etwas hinausschiebt. Nun ist es natürlich keine Tragödie, wenn wir in unserer Tagesplanung einige Dinge umstellen oder verschieben. Wenn aber Gott mit uns spricht und uns Dinge klar macht, dann verhindern wir selbst den Segen für diese Dinge, wenn wir sie auf die lange Bank schieben.

In der Bibel können Sie von einem Gouverneur mit Namen Felix lesen (Apostelgeschichte 24), dem der Apostel Paulus das Evangelium von Jesus Christus erzählte. Sichtlich betroffen sagte dieser Mann, dass er Paulus zu einer anderen Gelegenheit dazu noch einmal hören möchte. Nach unserem Wissen hat sich diese andere Gelegenheit für ihn nicht mehr ergeben.

Auf einem Friedhof in Cornwall in England liegt ein Professor begraben, und auf seinem Grabstein steht folgender Satz: »Ich habe damit gerechnet, aber nicht so früh.« Deshalb: Schieben Sie die Dinge nicht auf die lange Bank.

Räumen Sie mit dem Beziehungskiller auf!

Es gibt eine Reihe von Beziehungskillern – Dinge, die einfach das Verhältnis zum Nächsten zerstören. Dazu gehören zum Beispiel:

- Lieblose Worte,
- egoistisches Denken und das daraus entstehende Handeln,
- der Ehrgeiz, der keine Grenzen kennt,
- der Neid, der keinem etwas gönnt.

Es gibt viele Dinge, die unsere Beziehungen kaputtmachen können. Die Bibel hat dafür einen Begriff, den wir heute nicht mehr so gerne in den Mund nehmen. Es ist das Wort »Sünde«. Letztlich meint das Wort eine Trennung von Gott. Diese Trennung macht auch unsere Beziehung zu anderen Menschen kaputt.
Als der König David, von dem das Alte Testament berichtet, sich schuldig gemacht hatte, schrieb er: »An dir allein, Gott, habe ich gesündigt« (Psalm 51, 10).
Da fragt man sich schon: Und was ist mit der Schuld den Menschen gegenüber? Nun, die ist auch da. Aber David zeigt eindeutig, dass Sünde in erster Linie Schuld gegenüber Gott ist. Und deshalb brauchen wir nicht nur Versöhnung mit den Menschen, sondern in erster Linie auch die Versöhnung mit Gott.

9

Seien Sie dankbar für das, was Sie haben!

Vor einiger Zeit hat uns ein Satz aus dem »Vaterunser« ins Nachdenken gebracht. Jesus lehrte dort seine Jünger zu beten: »Gib uns unser täglich Brot« (Matthäus 6, 11). Dieses Gebet und auch dieser Satz ist vielen Menschen bekannt, und manch einer betet auch noch vor dem Essen. Können Sie sich daran erinnern, wann Sie aus einer Not heraus für das »tägliche Brot« gebetet haben?

Für uns ist wichtig: Wenn Gott für die Grundbedürfnisse unseres Lebens sorgt, dass wir darum nicht mehr zu bitten brauchen – dann sollte unser Dank ihm gegenüber groß sein.

Wenn wir danken, auch für die kleinen und alltäglichen Dinge des Lebens, entdecken wir das Geschenk der Zufriedenheit. Wir möchten Ihnen Mut machen, sich einmal eine Liste von all den Dingen zu erstellen, für die Sie Gott danken können. Es wird bestimmt eine lange Liste. Es tut unserer Seele gut, dankbar zu sein!

10

Denken Sie daran: Gott ist bei uns!

Bestimmt kennen Sie den Spruch: »Liebe macht blind«. Das trifft ja auch zu. Verliebte sind oft etwas realitätsfremd. Aber es muss nicht immer an der Liebe liegen. Auch Sorgen, Angst und Nöte können uns hilflos und handlungsunfähig machen. Eine ganz andere, neue Dimension erhält unser Leben allerdings, wenn wir es aus der Perspektive Gottes betrachten.

Daniel, ein hoher Regierungsbeamter, der vor vielen hundert Jahren wegen seines Glaubens mehrmals zum Tode verurteilt war, wusste, dass sein Leben nicht in der Hand von Menschen lag. Er konnte sagen: »Gott führt andere Zeiten und Stunden herbei, er setzt Könige ab und Könige ein, er gibt den Weisen ihre Weisheit und den Verständigen ihren Verstand« (Daniel 2, 21).

Wenn Sie vor einer nahezu aussichtslosen Situation stehen, denken Sie daran: Gott wird Ihnen beistehen, und bei ihm ist nichts unmöglich. Gott ist so nah, wie Ihre Haut – hautnah.

11

Lernen Sie, barmherzig zu sein

Es gibt eine ganz interessante Feststellung. Wir beurteilen Menschen nach ihrem Handeln und verurteilen sie auch auf Grund ihrer Taten. Aber uns selbst beurteilen wir auf Grund unserer Absichten. Wir sagen dann: »Das ist dumm gelaufen, aber ich habe es wirklich gut gemeint. Ich hatte die besten Absichten.«

Vielleicht würde unser Umgang mit anderen Menschen so viel einfacher werden, wenn wir sie nicht nur nach ihrem Handeln beurteilen würden, sondern ihnen auch zugute halten, dass manches aus guter Absicht heraus getan worden ist. In beiden Fällen aber – ob wir in guter oder schlechter Absicht Fehler begangen haben – benötigen wir Gottes Vergebung. Und diese Vergebung sollten wir auch anderen Menschen zusprechen. In der Bibel steht: »Ertraget einander und vergebet einander, wenn einer wider den anderen zu klagen hat, gleichwie Christus euch vergeben hat, also auch ihr« (Kolosser 3, 13).

Wenn Sie Ihre Welt mit den Augen der Barmherzigkeit sehen, wird diese Welt auch schöner.

12

Treffen Sie die richtigen Entscheidungen

Jeden Tag treffen wir Hunderte von kleinen und großen Entscheidungen. Viele dieser Entscheidungen laufen schon routinemäßig ab: Was esse ich zum Frühstück? Wie viel Milch und Zucker kommt in meinen Kaffee?

Aber dann gibt es auch ganz schwierige Entscheidungen. Will ich meinen Arbeitsplatz wechseln? Soll ich das überhaupt? Will ich bei der Steuererklärung auch wirklich alles angeben? Sage ich die Wahrheit – die ganze Wahrheit?

Interessant ist, dass viele Entscheidungen, die wir treffen, im Vorfeld entschieden werden. Wer in seinem Leben zum Beispiel die Grundsatzentscheidung getroffen hat, Gottes Richtlinien in seinem Herzen zu verankern, der weiß, wie er sich in schwierigen Situationen zu entscheiden hat. Im Alten Testament forderte Josua das Volk Gottes heraus: »Entscheidet euch heute, wem ihr dienen wollt. Ich aber und mein Haus, wir dienen dem Herrn« (Josua 24, 15).

Wir wünschen Ihnen viele gute Grundsatzentscheidungen, die Ihr Leben vereinfachen und Türöffner für Gottes Segen in Ihrem Leben sind.

13

Das Geheimnis des Erfolges

Wie würden Sie Erfolg in Ihrem Leben definieren? Es gibt eine Geschichte, die zum Schmunzeln einlädt. Jemand sagte: »Ich würde mich als sehr erfolgreich einstufen, wenn ich ein persönliches Gespräch mit dem Präsidenten im Weißen Haus hätte.«
Der Zweite meinte: »Ich würde mich als erfolgreich einschätzen, wenn ich ein persönliches Gespräch mit dem Präsidenten im Weißen Haus hätte, das Telefon klingeln würde und er das Telefon klingen lassen würde, um das Gespräch mit mir fortzusetzen.«
Der Dritte meinte: »Für mich bedeutet Erfolg, wenn ich im Weißen Haus bin, ein Gespräch mit dem Präsidenten führe, das Telefon klingelt, er hebt ab und reicht mir dann den Hörer und sagt: Das Gespräch ist für Sie.«
Es gibt ein besonderes Geheimnis des Erfolges: Gehorsam, Gott vertrauen, ihm nachfolgen. Das ist die einzige Garantie, die wir im Leben haben, dass Gottes Segen auf unserem Leben ruht und dass er uns Freude, Geborgenheit und Zuversicht schenkt, auch wenn es durch Täler geht, auch wenn es schwierig ist (Josua 1, 6-8).

14

Der Weg zu einem erfüllten Leben

Wissen Sie, es gibt Menschen, denen scheint alles zu gelingen. Die können einfach nichts verkehrt machen. Aber der Schein trügt. Es gibt keinen, bei dem immer alles klappt. Weder bei der Arbeit noch im Leben. Und doch lesen wir im ersten Psalm einen ganz herausfordernden Satz. Da heißt es: »Alles, was er tut, gerät ihm wohl« (Psalm 1,3).

Das ist ein Versprechen Gottes für die Menschen, die sich nicht nach der Tagesmeinung orientieren, sondern Gott vertrauen und seinen Weisungen mit Freude folgen. An wem orientieren wir uns? An der Meinung von Experten, an dem, was zur Zeit »dran« ist, was uns am klügsten erscheint, oder an dem, was Gott sagt? Wenn Sie sich an der Masse orientieren, laufen Sie Gefahr, die falsche Richtung einzuschlagen. Die Mehrheit ist keine Garantie dafür, dass Sie sich auf dem richtigen Weg befinden.

Gelingen kann das Leben letztendlich nur dann, wenn Sie auf Gott hören, wenn Sie sein Wort zur Mitte Ihres Lebens machen. Gottes Gebote sind ja nicht nur Verbote; sie bieten Ihnen Maßstäbe zur Beurteilung von Situationen, sie weisen Ihnen den Weg und zeigen Ihnen auch Ihre Grenzen, aber sie führen zu einem erfüllten Leben.

15

Gehen Sie richtig mit Ihren Feinden um

Wer kennt sie nicht, die Menschen, die einem verkehrt kommen; diejenigen, die einem nicht sympathisch sind. Vielleicht haben auch Sie einige Menschen in Ihrem Bekanntenkreis, mit denen Sie gar nicht auskommen, und die Frage bleibt zu beantworten: Wie sollen wir solchen Menschen begegnen?
Jesus Christus hat darauf eine ziemlich direkte Antwort gegeben. Er sagt: »Liebet eure Feinde. Tut Gutes denen, die euch hassen, segnet, die euch fluchen, betet für die, die euch misshandeln« (Matthäus 5, 44). Wenn Sie sich diese Verse zu Herzen nehmen, merken Sie, dass das Leben als Christ nicht ein »normales« Leben ist, denn es kommt nicht aus unserem natürlichen Wesen heraus, dass wir unsere Feinde lieben würden und die segnen, die uns fluchen, oder für die beten, die uns misshandeln. Es ist ja manchmal schon schwer genug, seine Freunde zu lieben.
Wenn wir Jesus Christus beim Wort nehmen, kann er dafür sorgen, dass wir sogar unsere Feinde lieben können. Das Interessante daran ist: Wenn Sie sich in der Nähe von Jesus aufhalten, sich von ihm und seinem Wort – der Bibel – prägen lassen, dann werden Sie außergewöhnliche Dinge in Ihrem Leben erleben.

16

Der Schritt ins Licht

Für viele Menschen sieht dieser Tag heute vielleicht recht dunkel aus. Wir wissen nicht, ob das bei Ihnen auch der Fall ist. Aber wenn nicht, dann kann es ja schon morgen sein, dass Unglück, Enttäuschung oder Streit sich als Finsternis in Ihrem Leben offenbaren. Dann sieht auf einmal alles so hoffnungslos aus. Es braucht aber nicht so zu bleiben. Es kann in Ihrem Leben hell werden! Freude kann in Ihr Herz hineinkommen, und diese Freude bringt Ihnen kein Politiker, kein Arzt und kein Pfarrer. Menschen können höchstens Wegweiser dabei sein.

Die Freude selbst, das Licht des Lebens, ist Jesus Christus, der Sohn Gottes! Er sagt: »Wer mir nachfolgt, der wird nicht wandeln in der Finsternis, sondern wird das Licht des Lebens haben« (Johannes 8, 12).

17

Jeder braucht einen persönlichen Freund

Wer ohne Freunde lebt, der lebt nur halb. Wahre Freundschaft ist etwas Wertvolles und auch Seltenes. In der Bibel liest man von David und Jonathan (1. Samuel 23, 15-18), die einen Freundschaftsbund miteinander schlossen. Das Kennzeichen dieser Freundschaft lag in einem tiefen gemeinsamen Interesse. Beide Männer kämpften für ein Ziel. Sie machten einander Mut, Gott zu vertrauen, und waren darauf bedacht, dass Gottes Plan im Leben des Freundes verwirklicht werden konnte. Dafür waren sie bereit, große persönliche Opfer zu bringen.

Einen Freund, der sich so für einen einsetzt, kann man gut gebrauchen. Wir wünschen Ihnen auch solch einen Freund, aber mehr noch als einen Freund zu haben, wünschen wir Ihnen, ein Freund zu sein. Und einen besonderen Freund haben Sie ja schon. Jesus Christus möchte Ihr Freund sein!

18

Zehn gute Wege, in Frieden zu leben

Die Bibel fordert die Menschen auf, in Frieden zu leben, und gibt ihnen dann die Verheißung, dass die Liebe Gottes und der Friede Gottes mit ihnen sein wird. Wir möchten Ihnen 10 Ratschläge geben, die helfen können, im Frieden mit sich selbst und anderen Menschen zu leben:

1. Hüten Sie Ihre Zunge. Sagen Sie immer weniger, als Sie denken.
2. Geben Sie nicht zu viele Versprechen. Aber halten Sie die, die Sie geben, ein.
3. Lassen Sie keine Gelegenheit aus, ein gütiges Wort zu sagen.
4. Haben Sie ein ehrliches Interesse an anderen Menschen. Zeigen Sie Interesse, indem Sie zuhören und Ihren Dank zum Ausdruck bringen. Wenn Sie dies tun, werden Sie nie ohne Freunde sein.
5. Freuen Sie sich. Konzentrieren Sie sich nicht auf Ihre Schmerzen und Wehwehchen.
6. Verschließen Sie Ihr Denken nicht. Diskutieren Sie über Sachen, aber argumentieren Sie nicht.
7. Unterbinden Sie üble Nachrede. Sie ist einfach zerstörend.
8. Entwickeln Sie eine Sensibilität gegenüber den Gefühlen anderer Menschen.
9. Kümmern Sie sich nicht um bös gemeinte Bemerkungen, die man Ihnen gegenüber ausspricht. Leben Sie einfach so, dass niemand diesen Bemerkungen Glauben schenkt.
10. Machen Sie sich keine Sorgen darum, Anerkennung zu erhalten. Geben Sie einfach Ihr Bestes, und das in Geduld.

19

Wie aus Minus ein Plus entsteht

In der Bibel steht, dass wir allezeit fröhlich und in allen Dingen dankbar sein sollen. Das ist bestimmt ein guter Rat und auch ein guter Vorsatz, denn wer hat nicht gerne fröhliche und dankbare Menschen um sich herum?
Aber in Wirklichkeit sind frohe und dankbare Menschen weit gestreut. Dabei dürfen wir uns an die eigene Nase fassen und uns fragen: »Bin ich ein froher und dankbarer Mensch?«
Es gibt Lebenssituationen, die uns alles andere als froh und dankbar werden lassen. Doch in Römer 8, 28 steht: »Denen, die Gott lieben, werden alle Dinge zum Besten dienen.«
Auf gut Deutsch heißt das doch, dass Gott aus einem Minus ein Plus machen kann. Und weil er den Überblick über mein Leben hat, will er mich durch alle Schwierigkeiten des Lebens führen. Die Voraussetzung aber ist, Gott zu lieben und ihm die Ehre zu geben, die ihm zusteht.
Vielleicht hadern Sie zurzeit mit dem Leben und befinden sich in einer aussichtslosen Situation. Dann möchten wir Ihnen Mut machen, Gott die Dinge so zu nennen, wie sie sind, und ihn zu bitten, Ihnen zu helfen.

20

Lernen Sie warten – das beendet den Frust

Es gibt so einige Momente im Leben, die recht frustrierend sind. Zu diesen Momenten gehört auch, wenn man im Flugzeug sitzt, kurz vor seinem Zielort ist, und dann über Lautsprecher die Nachricht bekannt gegeben wird, dass der Kapitän in eine Warteschleife fliegen muss, weil eine Landung momentan noch nicht möglich ist. Man kann dann hören, wie alle Passagiere stöhnen. Keiner hat Zeit, jeder denkt an die Pläne, die er gemacht hat und jetzt vielleicht über den Haufen werfen muss, und die Leute werden irritiert und ungeduldig.

Warten ist nicht immer einfach. Und wenn es um Gottes Handeln in unserem Leben geht, können wir auch sehr schnell ungeduldig werden. Gerade dann, wenn Gott uns eine Warteschleife zugeordnet hat. Ein Psalmdichter hat das so beschrieben: »Beharrlich habe ich auf den Herrn geharrt. Da neigte er sein Ohr zu mir und erhörte mein Schreien« (Psalm 40,2).

Zur Erhörung Gottes gehört auch das beharrliche Warten. Es liegt nicht in unserer Hand, wie und wann Gott antwortet und handelt, aber wir dürfen erwartungsvoll vertrauen, dass er uns zum Ziel bringt und all unsere Nöte und Bedürfnisse kennt.

21

Ein guter Freund zur rechten Zeit

Kennen Sie die Geschichte von den zwei Kühen, die auf einem LKW, der Milch transportierte, Folgendes lasen: »Pasteurisiert, homogenisiert, Vitamin A zugefügt«. Die eine Kuh schaute die andere an und sagte: »Wenn ich das so lese, fühle ich mich richtig minderwertig.«
Es gibt so manche Situation im Leben, die uns dieses Gefühl der Minderwertigkeit vermittelt. Besonders wenn wir älter werden und die Dinge nicht mehr so tun können, wie das früher möglich war; wo wir auf Hilfe angewiesen sind und ohne Hilfe gar nichts mehr geht. Hier macht es uns sehr viel Mut zu wissen, dass Gott selbst einem Adam, der von Gott erschaffen war und der den Stempel erhalten hatte, vollkommen und gut zu sein, einen Helfer zur Seite stellen musste.

In manchen Lebenssituationen ist die Antwort nicht, dass wir mehr beten oder mehr Seelsorge suchen, sondern dass Gott uns einen Freund schickt – einen echten Freund, der uns zur Seite steht. In der Bibel steht, dass »Freunde kommen und gehen, aber der wahre Freund steht einem zur Seite wie die eigene Familie« (Sprüche 17, 7).

Und in manchen Lebenssituationen brauchen wir nicht viele Freunde, sondern die richtigen Freunde. Sie können Gott darum bitten, dass er Menschen in Ihr Leben hineinbringt, die Ihnen das geben werden, was Sie benötigen, um sich nicht minderwertig zu fühlen, sondern von Gott getragen und von ihm geliebt.

22

Wenn es dunkel ist

Es gibt Tage, an denen die Sonne nicht scheint, und das selbst bei strahlend blauem Himmel nicht. Wir kennen solche Tage, und auch Ihnen werden sie nicht fremd sein. Es gibt Tage der Sorge und Not, Tage, an denen wir nicht wissen, wie es weitergehen soll.

An solchen Tagen ist das Gebet eine wichtige Hilfe. Jesus Christus fordert die Menschen auf, die müde und traurig sind, zu ihm zu kommen. Er bietet Hilfe. Das Gebet ist aber mehr als ein »Abladen« bei dem, der helfen kann. Es bedeutet auch »loslassen«. Auf Gott kann man seine Sorgen werfen, und man kann sie bei ihm lassen. Erst, wenn Sie Ihre Sorge und Not bei Gott lassen, erfahren Sie seine Hilfe.

Hier ist Vertrauen gefragt. Von Herzen vertrauen, ohne weiter zu sorgen und zu grübeln. Dieser Schritt fällt nicht immer leicht. Er beginnt da, wo wir Gott für seine Hilfe danken, auch wenn wir nicht wissen, wie und wann Gott eingreifen wird. In der Bibel steht: »Befiehl dem Herrn deine Wege und hoffe auf ihn. Er wird's wohl machen« (Psalm 37, 5).

23

Unser Gebet öffnet Türen

Wenn Sie die Geschichte des Lebens Jesu im Neuen Testament nachlesen, dann werden Sie feststellen, dass Jesus viel Zeit mit Beten verbracht hat. Das Gebet hat einen solchen Stellenwert in seinem Leben, dass die Männer, die ganz in seiner Nähe waren, seine Jünger, ihn baten, sie doch zu lehren zu beten.
Jesus selbst hat an verschiedenen Stellen in Gleichnissen über die Bedeutung des Gebetes gesprochen. An einer Stelle (Lukas 18, 1) können Sie lesen, dass Jesus seine Zuhörer aufforderte zu beten und darin nicht nachzulassen.
Das Wort, das wir in der deutschen Sprache mit nachlassen übersetzen, kann man auch mit »Ohnmacht« oder »ohnmächtig sein« übersetzen. Und das ist letztendlich der Vergleich, den Jesus den Menschen anbietet: Entweder ist der Mensch ohne Macht oder er betet. Wenn man diese Gleichung umdreht: Der Mensch, der betet, hat Macht. Nicht seine Macht, aber Gottes Macht, die das in Bewegung setzt, das ihm zum Segen ist.
Wir machen Ihnen Mut, mal einen Tag überwiegend mit Beten zu verbringen. In den Psalmen werden wir sogar aufgefordert, unser Herz vor Gott auszuschütten, denn Gott möchte uns helfen. Er will unsere Kraft sein.

24

Gott hört, wenn Sie sich an ihn wenden

Haben Sie sich auch schon manchmal gefragt, warum Gott manches Gebet erhört und ein anderes nicht; warum man bei manchen Anliegen so lange bitten muss und andere schon beinahe erhört werden, bevor man damit zu Gott gegangen ist?
Schwierigkeiten haben wir im Grunde ja nur mit den Anliegen, die Gott scheinbar nicht erhört oder es in einer Weise tut, in der wir es nicht erwartet haben. Gott ist souverän, und wir können sein Handeln nicht bestimmen. Aber wie jemand es einmal formuliert hat: »Ich werde weiter beten und so lange vertrauen, bis sich die Statistik verbessert.«
So dürfen wir auch das verstehen, was in der Bibel steht: »Betet ohne Unterlass, denn Gott wird uns zu seiner Zeit und auf seine Weise zur Seite stehen« (1. Thessalonicher 5, 17).

25

Es geht um ein größeres Ziel

Mittelmäßigkeit liegt in der Natur des Menschen. Wir orientieren uns nicht ungern an den Maßstäben der Mehrheit. Und zur Not machen wir sogar manchmal andere Menschen schlechter, um selbst besser dazustehen. Jemand, der Schwarzarbeit verrichtet, erzählt nur allzu gern von seinem Nachbarn, der die Steuern hinterzieht. Wer selbst nicht so gut mit Geld umgehen kann, erzählt von seinen Bekannten, die durch ihren Geltungsdrang total überschuldet sind. Und wer als Christ »die Sache mit Gott« nicht mehr ganz so ernst nimmt, misst sich nicht selten an Menschen, die noch weniger mit Gott am Hut haben.

Die meisten Menschen sind mit dem Durchschnitt ganz zufrieden. Gerne reden wir uns selbst ein, dass Qualität und Integrität relativ sind, und denken: »Warum sollte gerade ich anders leben, wenn es doch viel einfacher ist, sich der Mehrheit anzupassen?«

Es gibt genügend Kurse und Seminare zum Thema Erfolg, aber die Ausbildung zu einem Menschen, der nach dem Herzen Gottes ist, führt nicht über die Schnellstraße. Wer das Beste als Christ anstrebt, muss sich ganz bewusst dafür entscheiden und völlig anders leben – egal, was es kostet. Denn mit seinen Nachfolgern hat Gott viel Größeres im Sinn, als wohl temperierte, religiöse Mittelmäßigkeit. In Römer 8, 29 heißt es: »Sie alle, die Gott im Voraus ausgewählt hat, die hat er auch bestimmt, seinem Sohn gleich zu werden.« Darüber lohnt es sich, weiter nachzudenken.

26

Werden Sie zu einem Spiegel der Liebe Gottes

Können wir werden wie Jesus? Ist das nicht ein bisschen viel verlangt? Damit wir uns nicht falsch verstehen: Es geht nicht darum, sich den Himmel durch gute Werke zu verdienen oder Gott besonders zu beeindrucken. Den Himmel schenkt Jesus jedem, der ihm vertraut – ohne Verdienst, ganz »aus Gnaden«, wie es Martin Luther formulierte. Doch darüber hinaus wünscht sich Gott, dass seine Kinder etwas von seiner Güte, Liebe und Weisheit widerspiegeln. Dieses Anderswerden nennt die Bibel »Heiligung«. »Heiligung ist das ungeheure Wagnis, Christus nachzubilden in uns«, schreibt Pfarrer Reinhold Schneider. Und so fordert auch der Apostel Paulus auf: »Werdet Gottes Nachahmer als seine geliebten Kinder« (Epheser 5, 1).

Doch Jesus ähnlich werden, das passiert nicht über Nacht. Es ist ein Prozess, an dem wir maßgeblich beteiligt sind und der nie abgeschlossen ist – zumindest nicht auf der Erde. Darum: Wer werden will wie Jesus, der muss Weitblick und einen langen Atem haben. Ohne den Blick auf das Ziel und die nötige Ausdauer wirft man sonst nur allzu schnell entmutigt das Handtuch.

27

Nutzen Sie Gottes Kraftquelle!

Stellen Sie sich zwei Gefangene vor, die in einer Gefängniszelle sitzen. Diese Gefängniszelle hat nur ein kleines Fenster, durch welches lediglich wenige Lichtstrahlen eindringen. Die beiden Gefangenen sitzen dort tagein tagaus und schauen auf dieses Fenster. Dabei schaut der eine nur auf die Gitterstäbe, die stumme und hässliche Zeugen seiner Lebensrealität sind. Von Tag zu Tag wird er mutloser. Er verliert jede Hoffnung, jede Zukunftsperspektive, jeden Sinn. Der andere schaut an den Gitterstäben vorbei auf die Sterne, die am fernen Himmel zu sehen sind. Er fängt an nachzudenken über den Tag, an dem er einmal frei sein wird, und es kommen Hoffnung, Erwartung und Freude bei ihm auf.

Beide Männer schauen auf dasselbe Fenster. Doch der eine blickt kurzsichtig auf das, was direkt vor Augen ist, der andere weitsichtig auf das, was kommen wird.

Diese unterschiedliche Sichtweise macht den großen Unterschied aus. Auch wir sind oft Gefangene unserer selbst (vgl. Römer 7), doch wir können von uns und unseren Grenzen wegschauen und auf Gott und seine unbegrenzten Möglichkeiten hinschauen. Jesus selbst verspricht, dass er das gute Werk zu Ende bringen wird, das er in uns angefangen hat, und uns durch seinen Geist nicht nur das Wollen, sondern auch das Vollbringen schenkt (Philipper 1, 6 + 2, 13). Gitterstäbe oder Sterne, unsere Grenzen oder die Kraft des Geistes Gottes – wir müssen uns entscheiden. Worauf schauen Sie?

28

Setzen Sie Erkanntes um!

Psychologen führten einmal ein Experiment durch, mit dem sie zeigen wollten, wie ein junger Mensch mit Gruppenzwang umgeht. Dieser Test verlief folgendermaßen: Gruppen von je zehn Leuten wurden in ein Zimmer geführt, in dem mehrere Tafeln hingen, die unterschiedlich lange Linien zeigten. Sie wurden aufgefordert, dann ihre Hand zu heben, wenn der Versuchsleiter auf die längste Linie zeigen würde. Was einer aus der Gruppe nicht wusste, war, dass die anderen neun im Vorfeld angewiesen worden waren, ihre Hand dann zu heben, wenn auf die zweitlängste Linie gezeigt würde. Wie würde die eine Person reagieren, wenn sie von mehreren umgeben ist, die gegen die Fakten stimmten?

Der Test begann. Immer, wenn die Mehrheit für die zweitlängste Linie stimmte, schaute sich die übrig gebliebene Versuchsperson zwar etwas verdutzt um, hob aber mit der Gruppe die Hand. Diese Anpassung an die Mehrheit wurde in zirka 75 Prozent der Fälle beobachtet. Und das nur, weil die betreffende Person nicht den Mut hatte, gegen die anderen zu stimmen.

Viele von uns bewerten Anerkennung höher als die Wahrheit. Doch wer Jesus folgen will, darf sich sein Selbstbewusstsein nicht im Zuspruch der Masse holen. Ein Nachfolger Jesu ignoriert nicht, was er als richtig und gut erkannt hat, nur weil er in der Minderheit ist, sondern verfolgt sein Ziel mit Mut und Treue.

29

Behalten Sie das große Ziel vor Augen!

Was benutzt Gott, um seinen Charakter in seinen Kindern auszuformen? Geistliche Disziplinen wie Gebet, Bibellese und Fasten? Sicher, doch nicht nur. Darüber hinaus macht er sich etwas viel Profaneres zu Nutze: den Alltag. Der schottische Prediger Oswald Chambers bemerkte dazu: »Die Alltagsarbeit – die ganz gewöhnlichen, schmutzigen Dinge – ist einer der feinsten Prüfsteine für den Charakter. Jüngerschaft ist ganz und gar auf Gnade aufgebaut. Wir müssen in den gewöhnlichen Dingen außergewöhnlich sein; wir müssen in den elenden Vierteln unter ärmlichen Leuten heilig sein – und das lernt sich nicht in fünf Minuten.«

Wenn Sie das beherzigen, dann verlieren Sie weder durch das Schöne noch durch das Unangenehme, das täglich auf Sie einstürzt, Gottes Ziel mit Ihnen aus den Augen.

Ein Mann schaute drei Maurern bei der Arbeit zu und stellte jedem die gleiche Frage: »Was machen Sie eigentlich da?« Der erste Maurer sagte: »Ich setze Steine!« Der zweite sagte: »Ich ziehe eine Mauer!« Doch der dritte antwortete: »Ich baue eine Kathedrale!« Dieser Mann hatte das eigentliche, das große Ziel vor Augen. Er sah mehr als nur das Steinesetzen. Auch wir müssen mehr sehen, als das »Steinesetzen« auf der Baustelle unseres Charakters. Denn mitten in der rauen Wirklichkeit – zwischen überfüllten Schreibtischen und Wäschekörben – geschieht das Wunder: Genau hier werden wir von Tag zu Tag »... mehr und mehr in sein Bild« verwandelt und bekommen »mehr und mehr Anteil an seiner Herrlichkeit«.

30

Verlieren Sie sich nicht im Alltag!

In der Bibel finden wir viele Anweisungen, die uns helfen sollen, uns nicht in unserem alltäglichen »Kleinkram« zu verlieren, sondern ihn gezielt als Werkzeug an unserem Charakter zu verstehen. Einige dieser Tipps finden wir in 1. Korinther 7. Dort schreibt Paulus: »Denn ich mache euch darauf aufmerksam: Die Tage dieser Welt sind gezählt. Darum gilt für die Zeit, die uns noch bleibt: Auch wer verheiratet ist, muss innerlich so frei sein, als wäre er unverheiratet. Wer traurig ist, lasse sich nicht von seiner Trauer gefangen nehmen, und wer fröhlich ist, nicht von seiner Freude. Kauft ein, als ob ihr das Gekaufte nicht behalten würdet, und geht so mit der Welt um, dass ihr nicht darin aufgeht. Denn die gegenwärtige Welt wird nicht mehr lange bestehen.«

Was bedeutet es, innerlich frei zu bleiben? Frei sein, das heißt: nicht gefangen sein, nicht gefesselt, nicht total verplant, nicht total fixiert sein auf irgendetwas oder irgendjemand. Es bedeutet auch, ungeteilt zu leben.

Gott möchte, dass wir in allen Rollen, die wir zu erfüllen haben, mit unserem Herzen ganz bei ihm sind, denn in erster Linie sind wir Kinder Gottes!

31

Lassen Sie sich nicht von der Freude gefangen nehmen!

Es mag komisch klingen, doch auch Freude kann uns vom Eigentlichen ablenken. Gott freut sich mit uns, wenn wir glücklich sind – aber er möchte dennoch nicht, dass wir uns in der Freude über irgendwelche Dinge wie Geld, Haus, Kind, Partner usw. vollkommen verlieren. Wir sollen so einkaufen, als würden wir die Dinge nicht behalten, und unseren Beschäftigungen so nachgehen, dass sie nicht zum eigentlichen Sinn werden. Sie sind vergänglich und können uns daran hindern, einen Charakter zu erlangen, der Gott gefällt. Warum aber sagt Gott das alles? Warum legt er es uns so sehr ans Herz, uns nicht mit Mittelmäßigkeit und dem gängigen Status quo zufrieden zu geben? Weil er nicht will, dass unser Leben »am Ziel vorbeigleitet« (Hebräer 2, 1). Schließlich hat er Großes mit uns vor: In einer Welt, die ihn nicht kennt, sollen seine Nachfolger »die Wohltaten dessen verkündigen«, der sie »aus der Dunkelheit in sein wunderbares Licht« gerufen hat (1. Petrus 2, 9).
Der Predigerfürst Charles H. Spurgeon hat es mit folgenden Worten treffend auf den Punkt gebracht hat: »So wie die Menschen in ein Schaufenster blicken, um zu sehen, was es in einem Laden zu kaufen gibt, so schauen sie auch in dein Gesicht, um zu sehen, was tief in deinem Herzen wohnt.«

32

Mit Geduld kommen wir weiter

Es gibt so manche Gebete, die einen zum Schmunzeln bringen. Eins lautet: »Herr, schenke mir Geduld, aber bitte sofort.« Geduld ist nicht nur eine Tugend. Geduld ist auch die Brücke, die uns vom Willen Gottes zu den Verheißungen Gottes führt. Da, wo wir uns Gottes Willen anvertrauen, warten auf der anderen Seite die Verheißungen. Aber der Weg dorthin braucht Geduld.

Der Schlüssel dazu ist, dass Brücken in verschiedenen Längen gebaut werden. Und so ist es dann oft, dass unser Vertrauen auf Gott sehr schnell belohnt wird, und ein anderes Mal kann es sehr lange dauern, bis Gott die Verheißungen seines Wortes erfüllt.

In der Bibel steht in Hebräer 10, 36: »Denn Geduld tut euch Not, damit ihr nach Erfüllung des göttlichen Willens die Verheißung erlanget.« Am Anfang dieser Glaubenserfahrung steht das Verlangen, den Willen Gottes zu tun; darauf zu vertrauen und das umzusetzen, was er Ihnen persönlich in seinem Wort, in der Bibel, gesagt hat. Dann geht es darum, dranzubleiben und geduldig den Weg zu gehen, den er Ihnen zeigt.

33

Durch Gehorsam kann Gutes entstehen

Es ist gut möglich, dass Sie gerade jetzt vor einer Aufgabe stehen, die Ihnen unangenehm oder sehr schwierig erscheint. Die schwierigsten Aufgaben sind ja die, bei denen wir uns direkt mit anderen Menschen auseinander setzen sollen. Ein versöhnendes Wort sprechen, ein Missverständnis aufklären oder einem in Not geratenen Menschen zu helfen, sind oft kleine Schritte, die aber ganz schwer zu gehen sind.

In der Bibel lesen wir von einem Mann mit Namen Ananias (Apostelgeschichte 9,10). Er wohnte in Damaskus und gehörte dort zu der jungen christlichen Gemeinde. Gott forderte Ananias auf, einen der größten Feinde der christlichen Gemeinde zu besuchen, um ihm eine Botschaft zu sagen; eine Botschaft, die unmissverständlich zeigte, dass Gott diesem Saulus begegnet war und er nun Teil der christlichen Gemeinde war.

Ananias tat sich nicht leicht mit dieser Aufgabe. Aber er gehorchte Gott und ging. Es war der Gehorsam dieses Mannes, der dazu beitrug, dass aus dem Saulus ein neuer Mensch wurde, der als Apostel Paulus die Ausbreitung des Christentums entscheidend gefördert hat.

Manche unscheinbare Aufgabe, die uns nicht leicht fällt und bei deren Bewältigung wir uns einen inneren Ruck geben müssen, benutzt Gott, um Entscheidendes in dieser Welt zu erreichen.

34

Gott will uns ein Geschenk machen

Nach einer Umfrage wünschen sich die meisten Menschen etwas, was sie sich selber nicht geben noch garantieren können: Sie wünschen sich Gesundheit. Dahinter stehen natürlich auch die Grundbedürfnisse und Wünsche von uns Menschen, denn wir alle wünschen uns in unserem Leben Sicherheit und dass unser Leben eine gewisse Bedeutung hat. Unser Leben soll Spuren hinterlassen; Spuren, die bleiben, damit man weiß, dass wir gewesen sind, dass etwas von Bedeutung von uns zurückbleibt.

In der Bibel steht ein sehr Mut machender Vers in Römer 8, 28: »Was auch geschieht, das eine wissen wir: Für die, die Gott lieben, muss alles zu ihrem Heil dienen. Es sind die Menschen, die er nach seinem freien Entschluss berufen hat.«

Wer Gott liebt, der weiß sich sicher, geborgen, und er kennt auch die Bedeutung seines Lebens. Gott möchte uns reich beschenken. Nicht nach dem Standard dieser Welt, sondern mit den Dingen, die wirklich zählen. Die Dinge, die wir nur in der Gemeinschaft mit ihm finden, und das nicht nur heute, sondern für alle Ewigkeit.

35

So können wir wieder ruhig schlafen

Kennen Sie das Sprichwort: »Ein reines Gewissen ist ein sanftes Ruhekissen«? Nun, vielleicht ist Ihnen das Sprichwort nicht mehr bekannt, aber Sie kennen so manche schlaflose Nacht, wo die Geschehnisse des Tages Sie nicht zur Ruhe kommen lassen.
Wenn die Bibel voraussagt, dass in der letzten Zeit die Ungerechtigkeit zunimmt, dann wird das ja nicht nur in den Krisengebieten unserer Tage sichtbar, sondern auch im täglichen Umgang mit unseren Mitmenschen.
Wer kann da schon ein reines Gewissen behalten? Im Grunde doch nur der Mensch, der Gottes Vergebung kennt und immer wieder in Anspruch nimmt. Dabei vergibt Gott uns nicht nur, er reinigt unser Gewissen, sodass wir wieder durchatmen und wieder ruhig schlafen können. In der Bibel heißt es: »Wer seine Sünde bekennt und lässt, der wird Barmherzigkeit erfahren« (Sprüche 28, 13).

36

Wir brauchen keine Voraussetzungen

Wer die richtigen Voraussetzungen hat, der kann es weit bringen. Die begabten Menschen, diejenigen, die in Wohlstand hineingeboren sind oder die richtigen Beziehungen haben, bringen natürliche Voraussetzungen mit sich, die manch einer gerne hätte. Bei Gott sieht das ganz anders aus, und das macht uns sehr viel Mut. Bei Gott kommt es nicht darauf an, welche Voraussetzungen wir mitbringen, sondern darauf, dass er uns mit allem ausstatten möchte, was wir benötigen.

Wenn Sie einmal in der Bibel lesen, im Alten Testament, im Buch der Richter, begegnet Ihnen ein Mann mit Namen Gideon. Dieser Mann hatte 32 000 Soldaten aus Israel auserwählt, die ihm im Kampf helfen sollten. Experten hätten ihm gesagt, er würde über 130 000 Soldaten benötigen, um den Kampf zu gewinnen. Doch Gott ging hin und reduzierte die Zahl auf 300. Mit dieser Begebenheit möchte Gott ganz deutlich machen, dass er derjenige ist, der all unsere Not und unser Zu-kurz-Kommen ausfüllt.

Im Grunde möchte Gott uns zu der Erkenntnis bringen, dass Gott nicht nur alles ist, was wir benötigen, sondern letztendlich alles ist, was wir haben.

Wir wollen Ihnen Mut machen, doch Ihr ganzes Vertrauen auf Jesus Christus zu setzen. Sie werden erleben, dass es Gott ein Kleines ist, die Herausforderungen und Probleme unseres Alltags zu lösen – und das mit oder auch ganz ohne unsere menschlichen Voraussetzungen.

37

Dankbare Menschen sind glückliche Menschen

Glück und Zufriedenheit sind Dinge, die sich alle Menschen wünschen. Dabei ist der Weg zu diesem Ziel oft sehr verschieden. Die einen hoffen, dass sie zufrieden und glücklich sind, wenn sie gewisse Dinge erreicht haben, z. B. wenn sie eine Pension erhalten, wenn das Haus fertig ist oder wenn das neue Auto in der Garage steht. Andere suchen ihre Zufriedenheit in der Bindung an andere Menschen und daran, was sie ihnen bieten könnten. Wenn doch nur jemand da wäre, der mich glücklich machen könnte, der mich versteht, der mir helfen würde.

Wiederum andere suchen ihre Zufriedenheit in der Vergangenheit. Man spricht dann von der guten alten Zeit, die ja immer besser, schöner und angenehmer war. Aber egal, wie die Zeit war: Sie ist auf jeden Fall vorbei.

Die Bibel, Gottes Wort, gibt uns ganz andere Ratschläge. Da sagt zum Beispiel der Psalmist David: »Dies ist der Tag, den der Herr gemacht. Wir wollen froh sein und uns freuen an ihm« (Psalm 118, 24).

Glück und Zufriedenheit finden wir da, wo wir uns ganz fest an Gott halten. Dann können wir die Tage, die er uns in unserem Leben schenkt, in Dankbarkeit leben – und wir werden auch Freude daran finden, denn dankbare Menschen sind glückliche Menschen.

38

Nehmen Sie Vergebung in Anspruch

Eine Frau kam nach einem Gottesdienst zu ihrem Pfarrer und sagte: »Ich habe schon so oft versagt, dass ich gar nicht verstehen kann, warum Gott sich noch mit mir abgeben möchte. Wenn ich Gott wäre – ich würde es nicht tun.« Der Pfarrer antwortete ihr darauf: »Seien Sie dankbar, dass Sie nicht Gott sind. Und ich bin doppelt so dankbar. Sonst wären wir nämlich beide verloren.«

Das Wunderbare an der Gnade Gottes ist, dass sie mit Barmherzigkeit verbunden ist. Gott in seiner Liebe erlaubt es uns, immer wieder neu zu ihm zu kommen und da, wo wir versagt haben, mit ihm einen neuen Anfang zu wagen. In der Bibel steht, dass Gott viel vergibt (Psalm 130, 4). Und dies dürfen wir mit zuversichtlichem Herzen in Anspruch nehmen! Er verheißt uns sogar, dass er unsere Sünde an der tiefsten Stelle des Meeres versenken will und dass niemand sie dort wiederfinden wird.

Und Gottes Barmherzigkeit geht noch weiter. Denn da, wo wir durch unser Fehlverhalten uns und anderen Schaden zugefügt haben, hilft er dabei, unser Leben wieder in Ordnung zu bringen.

39

Drei Schritte zum Glück

Wir beneiden sie, die scheinbar Glücklichen dieser Welt. Diejenigen, denen scheinbar alles gelingt, denen Erfolg, Schönheit und Gesundheit in die Wiege gelegt worden zu sein scheinen. Aber: Ist da nicht mehr Schein als Sein?
Wenn wir einmal eine Liste erstellen würden mit den Dingen, die uns wirklich glücklich machen, und daneben eine zweite Liste mit den Dingen halten, die uns zu unserem Glück noch fehlen, wären wir vielleicht sehr erstaunt. Da Glück und Freude zu dem Leben gehört, zu dem Gott den Menschen erschaffen hat, sagt uns Gottes Wort in Psalm 1: »Wie glücklich ist ein Mensch, der sich nicht verführen lässt von denen, die Gottes Gebote missachten, der nicht dem Beispiel gewissenloser Sünder folgt und nicht zusammensitzt mit Leuten, denen nichts heilig ist. Wie glücklich ist ein Mensch, der Freude findet an den Weisungen des Herrn, der Tag und Nacht in seinem Gesetz liest und darüber nachdenkt.«
Und die Beschreibung geht so weiter, wie wir uns unser Leben nur erträumen können: »Er gleicht einem Baum, der am Wasser steht; Jahr für Jahr trägt er Frucht, sein Laub bleibt grün und frisch. Ein solcher Mensch hat Erfolg bei allem, was er unternimmt.«
Gott sagt hier ganz klar, dass das Geheimnis von Glück und Zufriedenheit in der Zugehörigkeit zu ihm zu finden ist. Wer glücklich sein will, der muss sich an ihn halten. Wir haben in unserem Leben erfahren, dass Gott seine Versprechungen hält.

40

Fassen Sie Mut!

In schwierigen Lebenssituationen hören sich manche Sätze wie blanker Hohn an. Da ist ein Apostel Paulus seit Tagen unterwegs auf dem Mittelmeer, in einem großen Sturm gefangen, die Menschen hungern, sie können das Schiff nicht mehr steuern, sie sind auf See verloren. Und dann sagt dieser Mann: Seid guten Mutes (Apostelgeschichte 27).

Dies waren nicht nur tröstende Worte, sondern sie kamen von jemandem, der sich nicht durch die gegenwärtigen Umstände bestimmen ließ. Er wusste, dass Gott einen Plan mit ihm hatte. Paulus wusste, dass er in Rom ankommen würde, um dort auch vor dem Kaiser ein Zeugnis von Jesus Christus abzulegen.

Wer sein Ziel vor Augen hat, den können die Herausforderungen des Alltags nicht aus der Bahn werfen. Wir möchten Ihnen Mut machen, Ihren Blick nicht von Jesus Christus abzuwenden. Er ist derjenige, der Sie auch zum Ziel bringt. Deshalb dürfen Sie sich ihm anvertrauen und Hoffnung aus seinen Worten ziehen und müssen sich nicht von den Umständen des Alltags bestimmen lassen – egal, wie widerwärtig sie erscheinen.

Auch Ihnen gelten die Worte des Apostels Paulus: Seid guten Mutes!

41

Erkennen Sie: Alles hat seine Zeit

Es gibt Situationen im Leben, wo man sich einfach nur hinsetzen kann und weinen. In der Bibel steht: Alles hat seine Zeit, auch Weinen hat seine Zeit. Und wenn Sie gerade durch viel Leid gehen, dann werden Ihnen Tränen nicht fremd sein.
In einer solchen Situation erkennen wir häufig, dass wir die Umstände des Lebens nicht kontrollieren können. Aber wir sind trotzdem nicht hilflos, denn wir können bestimmen, welche Einstellung wir zu den Dingen einnehmen.
Ein ehemaliger Gefangener von Auschwitz hat es einmal so formuliert: »Alles kann einem Menschen genommen werden, nur eins nicht: das letzte Bollwerk menschlicher Freiheit, sich zu entscheiden, welche Einstellung man in einer gegebenen Situation haben möchte.«
Es ist unsere Einstellung, die uns hilft, eine Situation des Lebens zu akzeptieren, sich dieser Situation zu stellen und letztlich damit umzugehen.
Wir können eine Einstellung wählen, die uns hilft, auch wieder weiterzuleben. In der Bibel steht: »Am Abend kehrt Weinen ein, aber am Morgen der Jubel« (Psalm 30, 6). Auch das ist eine Einstellung!

42

Verdursten Sie bitte nicht an der Quelle!

Vielen Menschen fällt es schwer, an Gott zu glauben. Kaditia Wedekind hat die »Parabel vom modernen Menschen« geschrieben. Ein moderner Mensch verirrte sich in der Wüste. Endlich sah er, von Hunger und Durst gequält, in der Ferne eine Oase. »Aha, das ist eine Fata Morgana«, dachte er, »eine Luftspiegelung, die mich narrt, denn in Wirklichkeit ist gar nichts da.« Er näherte sich der Oase, aber sie verschwand nicht. Er sah die Dattelpalmen, das Gras und die Felsen, zwischen denen eine Quelle entsprang. »Das kann natürlich auch eine Hungerfantasie sein«, dachte er, »solche Fantasien hat man ja in meinem Zustand. Natürlich, jetzt höre ich sogar schon das Wasser sprudeln, eine Gehörhalluzination.« Mit diesen Gedanken brach er tot zusammen. Einige Stunden später fanden ihn zwei Beduinen. »Kannst du das verstehen?«, fragte der eine, »die Datteln wachsen ihm beinahe in den Mund. Wie ist das nur möglich?« »Er war ein moderner Mensch«, antwortete der andere Beduine, »er hat nicht daran geglaubt.«

Diese Geschichte ist eine brillante Charakterisierung vieler Menschen von heute. Sie halten es für möglich, dass es Gott gibt, aber sie glauben nicht an ihn. Sie nehmen ihn nicht beim Wort. Gottes Verheißungen halten sie für eine Fata Morgana und verdursten. Nicht unser Intellekt, nicht unsere Zweifel stehen im Wege, wenn wir nicht glauben können, sondern einfach die Tatsache, dass wir nicht ausprobieren und tun, was Gott sagt (Johannes 7, 17). Wer seinen Willen tut, kommt zum Glauben. Jesus hat es versprochen.

43

Hilfe für den Alltag

Vor einiger Zeit lasen wir ein sehr humorvolles Gebet: »Oh Herr, bis jetzt war dieser Tag ganz in Ordnung. Ich habe nicht schlecht über andere geredet, ich habe mein Temperament gut im Griff, ich bin zu niemandem gemein gewesen, nicht geizig, nicht schlecht gelaunt, nicht egoistisch und bin anderen auch noch nicht auf die Nerven gegangen. Ich bin echt froh und dankbar, dass ich all dies aus eigener Kraft geschafft habe. Aber in ein paar Minuten, Herr, werde ich aufstehen müssen, und von dem Moment an brauche ich wirklich deine Hilfe.«

In diesem Gebet sind zwei Wahrheiten enthalten: einmal, dass wir aus eigener Kraft nicht zum Ziel kommen, dass wir Hilfe benötigen. Zum anderen, dass Gott uns diese Hilfe auch geben möchte.

Lesen Sie einmal den Psalm 121, die Verse 3-8. Dort wird der Schutz Gottes für die Menschen, die ihre Augen auf ihn richten und sich von ihm führen und leiten lassen, beschrieben. Diese Fürsorge Gottes umfasst Leib, Seele und Geist. Wir wünschen Ihnen, dass Sie Ihre Erfahrungen damit machen.

44

Räumen Sie mit Irrtümern auf!

Jeden Morgen schaute sie in den Spiegel. Und je öfter sie es tat, umso schöner fand sie sich. Nach einer gewissen Zeit aber kamen ihr Bedenken. Sie hatte fast ein schlechtes Gewissen, dass sie so positiv über sich dachte. Also machte sie sich auf zum Pastor ihrer Gemeinde, um seinen Rat einzuholen: »Wissen Sie, Herr Pastor, immer wenn ich in den Spiegel schaue, finde ich mich einfach umwerfend schön. Ist das schlimm?« Der Pastor nahm seine Brille ab, betrachtete die Frau ein wenig näher und meinte dann: »Nein, irren ist menschlich!«

Irren ist menschlich – das stimmt! Irrtümer und Denkfallen kennen wir alle: Man hält etwas für wahr, aber es ist ein Irrtum. Man hat sich getäuscht. Irren kann sich jeder irgendwann mal. Nun hat nicht jeder Irrtum zwingend fatale Auswirkungen auf unser ganzes Leben. Aber es gibt auch gefährliche Denkfallen: falsche Gedanken, die uns das Leben schwer machen. Irrtümer, die uns hindern, ein erfülltes Leben zu führen und auf Kurs zu bleiben. Entdecken Sie die Irrtümer in Ihrem Leben. Dafür müssen Sie sich etwas Zeit nehmen und vielleicht auch mal einige Überzeugungen aufschreiben. Aber eine Überprüfung Ihrer Grundgedanken lohnt sich in jedem Fall.

45

Seien Sie ständig auf Empfang

Haben Sie auch einen Kleiderschrank voller ungetragener Kleider? Stellen wir uns einmal vor, jedes Kleidungsstück hätte eine besondere Bedeutung. Übertragen wir das auf unser Leben mit Gott, dann nehmen wir jetzt einmal ein ganz besonderes Kleidungsstück in die Hand. Es hat einen Aufdruck, der lautet: »Wir müssen Gottes Denkweise in unsere Herzen schreiben.« König David hat gesagt: »Die Gebote meines Gottes trage ich in meinem Herzen, darum komme ich nicht vom richtigen Weg ab.«

Es ist eine Denkfalle, wenn wir meinen, ohne genügend Wissen, ohne gute Informationen, ohne lebensrettende Regeln genauso schnell und gut ans Ziel zu kommen wie ohne. Ein Bekannter von uns ist schon öfter auf einem Segeltörn gewesen. Nach seiner letzten Reise sagte er: »Weißt du, wenn du zu Hause bist, hörst du so gut wie nie die Wetterberichte. Aber als wir auf dem Segelboot waren, auf den hohen Wellen, haben wir ständig unsere Ohren gespitzt.«

So ähnlich geht es uns doch auch mit Gott. Bei den alltäglichen Dingen des Lebens sagen wir doch öfter: »Also, Gott, da lass ich dich einfach mal raus! Das schaffe ich schon selber! Darüber brauche ich gar nicht mit dir zu reden, brauche gar nicht zu hören, was du dazu sagst!« Aber wenn wir dann plötzlich in einer Krise stecken, dann klammern wir uns an Gott in dem Wissen, dass wir es ohne ihn nicht überleben. Gott will, dass wir ständig hinhören und lernen, was er denkt, was er sagt, damit wir nicht scheitern.

46

Der lange Weg zwischen Theorie und Praxis

Goethe sagte einmal: »Es ist nicht genug zu wissen, man muss auch anwenden. Es ist nicht genug zu wollen, man muss auch tun.« Er hat Recht. In der Bibel steht in Römer 2, 13: »Wenn einer vor Gottes Gericht bestehen will, genügt es nicht, dass er das Gesetz kennt, er muss auch danach handeln.«

Manche von uns beschäftigen sich ja sehr gerne mit der Bibel, diskutieren auch gerne über Gottes Wort in Gesprächskreisen, Hauskreisen, Bibelkreisen. Aber oft lassen wir Gottes Wort nicht wirklich an unser Privatleben heran. Doch die Bibel ist nicht nur ein Buch, das uns wichtige Informationen und lebensrettende Regeln gibt. Die Bibel ist ein Buch, das eine dynamische Kraft hat. Sie kann unser Denken, unser Leben umkrempeln, es zum Positiven verändern. Die Bibel hat Kraft, uns von Abwegen, von Irrwegen auf diesen richtigen Kurs zu bringen. Was nützt es uns, viel Wissen zu haben, wenn wir nicht bereit sind, durch Jesu Macht eine revolutionäre Veränderung über uns ergehen zu lassen?

47

Bleiben Sie belehrbar

Wir müssen belehrbar bleiben. In Sprüche 15, 32 heißt es: »Wer Zurechtweisung verwehrt, wirft sein Leben fort. Wer sich korrigieren lässt, kommt zu tieferer Einsicht.« Ein Mensch, der Denkfallen vermeiden und an Gottes Denkweise festhalten will, muss bis zum Ende seines Lebens willig bleiben, sich korrigieren zu lassen.

Ein Mensch, der sich belehren lässt, ist klug, weil er nicht alles, was er denkt und tut, zweifellos für richtig hält. Doch wie reagieren Sie, wenn Sie hinterfragt werden? Signalisieren Sie Offenheit? Nehmen Sie einen Rat willig an? Wenn wir es nicht üben, menschlichen Rat anzunehmen – wie wollen wir uns dann letztendlich von einem unsichtbaren Gott zurechtweisen lassen? Ohne Frage: Eine Korrektur durch Gottes Wort oder kluge Menschen ist wie eine Operation. Sie bereitet uns kein Vergnügen, sondern vielleicht sogar Schmerzen. Doch: »Den, den Gott liebt, den weist er auch zurecht« (Hebräer 12). Gott will uns vor Denkfallen und Schiffbruch bewahren – und das nur aus einem Grund: Weil er uns so sehr liebt!

48

Das Geheimnis des Glücklichseins

Menschen, die ein glückliches Leben führen, sind Menschen, die wenigstens drei Dinge in ihrem Leben erkannt haben. Zum einen haben sie gelernt, dass wahre Zufriedenheit aus dem Inneren kommt.

Nachdem der Apostel Paulus ausgepeitscht worden war, gesteinigt wurde, gehungert hatte und verraten worden war, schrieb er: »Ich habe gelernt, mich in jede Lage zu fügen. Ich kann leben wie ein Bettler und auch wie ein König. Mit allem bin ich vertraut.«

Wahre Zufriedenheit lernt man in den Stürmen des Lebens, nicht im Sonnenschein. Und es ist unmöglich, sich jeder Situation in unserem Leben anzupassen; aber durch die Gnade Gottes können wir unsere Einstellung zu diesen Situationen verändern.

Als Zweites haben glückliche Menschen erkannt, dass keine Zufriedenheit daraus entsteht, dass man andere beschuldigt. Wir fühlen uns nicht besser, wenn wir anderen Menschen die Schuld zuschieben können – sei es berechtigt oder unberechtigt.

Und ein drittes Kennzeichen von zufriedenen und frohen Menschen liegt darin, dass es ihr Anliegen war, anderen Menschen Gutes zu tun.

Vielleicht beginnt die Freude in Ihrem Leben gerade dort, wo Sie anfangen, sich mit einem dankbaren Herzen ohne Anklagen und Anschuldigungen auf das Wohl anderer Menschen zu konzentrieren.

49

Nur eine Frage des Blickwinkels

Kennen Sie die Geschichte von dem Mann, der einen Psychiater aufsuchte? Auf dem Kopf hatte er eine Bratpfanne, und seine Krawatte hatte er nach hinten gebunden. Der Psychiater dachte sich: »Dieser Mann braucht ganz gewiss Hilfe.« Dann sagte der Mann: »Guten Tag. Ich bin hier, um mit Ihnen über das Problem meines Bruders zu reden.«

Jesus erzählte die Geschichte von zwei Menschen, die zum Tempel gingen, um zu beten. Der erste sagte: »Gott, ich danke dir, dass ich nicht so bin, wie diese anderen Leute, wie dieser Sünder da zum Beispiel.« Der andere sagte: »Gott, sei mir barmherzig, denn ich bin ein Sünder.«

Und Jesus sagte: »Ich versichere euch, dieser Mann, der seine Sünde bekannte, ging weg und war gerechtfertigt.«

Der Stolz wird uns immer dazu führen, unsere Sünde und Schuld zu verstecken und zu rechtfertigen. Aber es funktioniert nicht. Nur da, wo wir uns der Schuld unseres Lebens stellen, können wir Veränderung erfahren, die Veränderung, die Gott uns in Jesus Christus anbietet. Da, wo wir unsere Masken ablegen, Gottes Vergebung annehmen und uns unserer Schuld stellen, da erfahren wir Reinigung und Vergebung.

50

Einsteigen ins neue Leben

Ist Ihnen schon einmal aufgefallen, wie aggressiv manche Leute heute gegenüber Christen und dem christlichen Glauben eingestellt sind? Anhänger anderer Religionen werden – und das völlig zu Recht – mit Respekt behandelt, mit dem Respekt, den jede aufrichtige Glaubensgemeinschaft verdient. Doch der christliche Glaube scheint eine gewisse Herausforderung in sich zu bergen, der die Menschen so irritiert, dass sie mit Spott, Hohn und manchmal sogar mit Wut auf Christen reagieren.

Woran liegt es, dass der christliche Glaube so provoziert? Nun, im Grunde ist die Antwort ganz einfach: Es liegt daran, dass Gott uns unser Leben wegnehmen möchte. Im Austausch bietet er ein neues Leben an. Und dieses Leben ergibt nur einen Sinn im Zusammenhang mit ihm und seiner Welt. In seiner Welt gibt es Werte, die in unserer Gesellschaft scheinbar nicht mehr richtig am Platz sind. Zum Beispiel:

- Die andere Wange hinhalten, wenn auf die eine geschlagen wird.
- Die Wahrheit zu reden, auch wenn es Nachteile bringt.
- Seinen Feind zu lieben, auch wenn man nichts Sichtbares dadurch gewinnt.

Dies sind natürlich auch alles Dinge, die uns von Natur aus gar nicht so liegen. Deshalb brauchen wir dieses neue Leben. In der Bibel steht: »Ist jemand in Christus, so ist er eine neue Kreatur. Siehe, das Alte ist vergangen; etwas ganz Neues ist geworden.« Steigen Sie ein ins neue Leben!

51

Wenn das Wörtchen »wenn« nicht wär ...

In der Bibel steht, dass es ohne Glauben unmöglich ist, Gott zu gefallen (Hebräer 11, 6). So ist der Glaube der Schlüssel, um eine Beziehung zu Gott zu finden und auch in dieser Beziehung mit Gott zu leben. Wobei Glaube sich ja in ganz unterschiedlicher Weise gestalten kann. Manche Menschen haben eine Art von »Wenn-Glauben«:

- Wenn doch ...
- Wenn es so gewesen wäre, dann ...

Der »Wenn-Glaube« ist für unser Leben nur ein billiger Trost, denn er verändert nicht unsere Situation.

Andere Menschen haben den »Später-Glauben«:

- Irgendwann wird Gott alles gut machen.
- Morgen, glaube ich, wird alles besser sein.

Dieser Glaube an später und morgen ist kein schlechter Glaube, aber er hilft uns nicht in unseren alltäglichen Situationen. Eine echte Hilfe für uns ist der »Heute-Glaube«, wenn wir heute damit rechnen, dass Gott helfen kann, Situationen zu verändern.
Hand aufs Herz: Wenn unsere Probleme größer werden, dann wird unser Glaube kleiner. Das liegt einfach daran, dass wir das Problem

an unseren eigenen Möglichkeiten, unseren eigenen Ressourcen, Fähigkeiten und unserer Vorstellungskraft messen.
Wer anfängt, auf Gott zu vertrauen, der kann mit Gottes Hilfe in seinem Alltag rechnen.
Definieren Sie Ihren Glauben nicht in »Wenn-, Später- und Heute-Glauben«, sondern rechnen Sie damit, dass Gott alles kann – und zwar heute in Ihrem Leben.

52

Sie dürfen versagen ohne zu verzagen

Kennen Sie auch dieses Gefühl, wenn man versagt hat? Man hat genau das getan, was man nicht tun wollte. Man hat in einer Weise reagiert, wie man nicht mehr reagieren wollte. Man hat Dinge getan, von denen man sich fest vorgenommen hatte, sie nicht mehr zu tun. Und das, was man unbedingt tun wollte und sollte, ist wieder unter den Tisch gefallen.

Jesus hat in seiner berühmten Bergpredigt Folgendes gesagt: »Selig sind, die da hungert und dürstet nach Gerechtigkeit, denn sie sollen satt werden.«

Jemand hat diesen Bibelvers so kommentiert: »Wir haben die Erlaubnis zu scheitern, solange wir uns aufrichtig nach dem Gelingen sehnen.«

Wenn Sie die Bibel aufmerksam lesen, dann werden Sie feststellen, dass Menschen, die sich Jesus Christus anvertrauen, schon gefunden haben, wonach sie sich sehnten. Wenn Sie heute wieder einen Tag haben, an dem Ihnen manches nicht gelungen ist, dann vertrauen Sie darauf, dass Gott Ihnen helfen möchte und dass er für unsere Fehler, für all unsere Sünde und Schuld bezahlt hat, sodass wir vor Gott gerecht dastehen dürfen.

53

Den richtigen Weg gehen Sie nicht alleine

Jemand schickte uns mit der Post eine Spruchkarte. Darauf stand ein Bibelvers, Jesaja 48, 17: »Ich bin der Herr, dein Gott, der dich leitet auf dem Weg, den du gehst.«
Wir haben uns über diese Karte sehr gefreut. Es macht so viel Mut zu wissen, dass man nicht alleine ist und dass jemand da ist, der uns leitet auf dem Weg, den wir gehen. Das setzt ja voraus, dass derjenige, der mich leitet, den Weg kennt und mir die Sicherheit gibt. Er hilft uns auch bei der Orientierung, wenn wir das Ziel aus den Augen verlieren. Der Spruch auf der Karte hat uns Mut gemacht, und wir haben noch einmal in der Bibel nachgelesen, was genau da steht, denn auf der Karte war nur ein Teil der Aussage abgedruckt. Vollständig heißt der Spruch: »Ich bin der Herr, dein Gott, der dich lehrt, was nützlich ist, und dich den Weg leitet, den du gehen sollst.«
Gott will mehr, als uns nur den Weg zeigen. Er will uns auf dem Weg begleiten und mit uns gehen. Kennen Sie Situationen in Ihrem Leben, wo Sie zurückschauen und sagen müssen: »Das war totale Zeitverschwendung. Das hat überhaupt nichts gebracht. Ich konnte noch nicht einmal etwas Vernünftiges aus dieser Situation lernen.«
Den Nutzen einer Sache sieht man ja oft erst im Rückblick. Wie gut ist es doch zu wissen, dass der, der uns führen möchte, uns auch die Dinge vor Augen stellt, die uns wirklich nützen. In demselben Vers verspricht Gott den Menschen Frieden. Wir wünschen Ihnen, dass Gott Sie leitet und dass Sie seinen Frieden in Ihrem Herzen mit sich tragen können.

54

Die Schnittstelle zu Gott

Wussten Sie, dass ein Kind im ersten Lebensjahr mehr lernt als in der ganzen restlichen Zeit seines Lebens? Doch auch als Erwachsene haben wir noch viel zu lernen – und letztlich lernen wir nie aus. Es gibt so viel Neues, auf das man sich einstellen muss. Zum Beispiel in der Computerwelt gibt es viel zu lernen. Bits und Bytes, Rams und Schnittstellen.

Als wir darüber einmal nachdachten, fiel uns auf, dass es bei Gott auch Schnittstellen gibt. Er hat zum Beispiel eine von seiner unsichtbaren Welt in unserer Welt geschaffen. Er sandte seinen Sohn Jesus Christus, der die Verbindung zu uns Menschen hergestellt hat, indem er alles Störende – nämlich die Sünde und Schuld des Menschen – weggenommen hat, und uns Menschen zu einem Leben in der Gemeinschaft mit Gott einlädt.

Jesus sagte einmal zu Menschen, die angefangen hatten, ihm zu vertrauen: »Ich bin die Auferstehung und das Leben. Wer mich annimmt, wird leben, auch wenn er stirbt. Und wer lebt und sich auf mich verlässt, wird niemals sterben« (Johannes 11, 25).

Jesus hat eine Frau mit Namen Martha einmal gefragt: »Glaubst du mir das?« Und sie antwortete: »Ja, Herr, ich glaube, dass du der versprochene Retter bist, der Sohn Gottes, der in die Welt kommen soll.« Es ist dieser Glaube an Jesus Christus, der uns die Verbindung zu Gott, unserem Vater im Himmel, ermöglicht. Und diese Verbindung erlaubt uns, die Liebe Gottes heute schon in ihrer ganzen Fülle zu erfahren.

Wir hoffen, dass Sie diese Schnittstelle gefunden haben; die Schnittstelle, die Sie in die Gemeinschaft mit Gott bringt. Sie heißt Jesus. Wenn Sie ihn kennen lernen wollen, dann fangen Sie an, in seinem Wort, der Bibel, zu lesen. Gott öffnet jedem gerne die Tür, die Schnittstelle zum Leben, der sich vertrauensvoll an ihn wendet. Dazu brauchen Sie nicht – wie beim Computer – ein besonderes Programm, sondern es wird ganz einfach da beginnen, wo Sie zu Gott beten und mit ihm reden.

55

So gut wie unser Ruf

Dürfen wir Sie einmal fragen, was für einen Ruf Sie haben? Wie denken und reden Ihre Verwandten, Ihre Freunde und Ihre Nachbarn über Sie? Nun, wie immer Ihr und unser Ruf ist – entscheidend ist ja, dass wir so gut wie unser Ruf oder sogar noch besser als unser Ruf sind. In der Bibel lesen wir von dem Hauptmann eines italienischen Regiments mit Namen Cornelius. Der hatte den Ruf, fromm und gottesfürchtig zu sein. Was hatte diesem Mann diesen Ruf eingebracht?

Das hatte etwas mit den Beziehungen zu tun, die er pflegte. Es heißt von ihm, dass er viel Gutes tat, dass er den Not leidenden Menschen geholfen hat und dass er jemand war, der betete; also jemand, der seine Beziehung zu Gott pflegte und auch in Liebe mit seinen Mitmenschen lebte. Der Mann war so gut wie sein Ruf, und das hat dazu geführt, dass Gott seine Gebete erhörte und er mit Gott wunderbare Erfahrungen machen konnte.

Gottesfürchtig und fromm sind vielleicht für uns heute altbackene Begriffe. Aber was dahinter steht, in einer geordneten Beziehung zu Menschen und zu Gott zu leben, ist ein Leben, das sich lohnt. Unsere Beziehungen zum Nächsten werden entscheidend geprägt von unserer Beziehung zu Gott. Er kann Beziehungen zwischen Menschen heilen, wenn wir unsere Beziehung zu ihm in Ordnung bringen. Dort, wo wir unsere Zeit und Energie in die Pflege der Beziehung zu Gott investieren, werden wir auch seine Hilfe in den zwischenmenschlichen Beziehungen erhalten.

56

Haben Sie das »gewisse Etwas«?

Haben Sie auch schon einmal den Satz gehört: »Ihm oder ihr fehlt das gewisse Etwas.« Keiner kann es genau definieren – was denn dieses »gewisse Etwas« ist. Eins steht aber fest: Es fehlt vielen Menschen.

Es fehlt etwas, um das Leben in den Griff zu bekommen, um die Zufriedenheit zu erreichen, die man möchte, um das zu erleben, was wir ganz einfach mit »Glück« beschreiben. Hier hilft es auch nicht, lapidar zu sagen, »der eine hat, der andere nicht« – eine solche Situation kann ja existenzielle Ausmaße annehmen.

Im Buch der Klagen Jeremias steht folgender Vers: »Der Herr ist gütig gegen die, welche auf ihn hoffen, gegen die Seele, die nach ihm fragt.« Die erfolgreichen Menschen im Leben sind nicht unbedingt mehr talentiert, aber sie haben oft ein größeres Durchhaltevermögen, und sie suchen an der richtigen Stelle. Güte erfährt der Mensch, der sich mit seiner ganzen Seele nach Gott sehnt, der auf Gott vertraut.

Die einen bringen sehr viel an Voraussetzungen, Begabungen, natürlichen Fähigkeiten mit ins Leben. Sie haben vielleicht auch ein Umfeld, wo das so genannte »Vitamin B« vorhanden ist und wo die Beziehungen stimmen. Andere wiederum stehen mehr auf der Seite der Verlierer.

Die gute Nachricht für uns ist, dass wir bei Gott sogar mit Null kommen können. Er füllt alles auf, was uns fehlt, um das Glück und die Zufriedenheit zu finden, nach der wir uns sehnen.

57

Gute und schlechte Investitionen

Jemand hat einmal gesagt, dass unsere finanzielle Zukunft von drei Dingen bestimmt wird:

1. was wir ausgeben
2. was wir sparen
3. was wir investieren.

Nun wissen wir natürlich, dass es gute und schlechte Investitionen gibt. Bestimmen können wir das meistens erst im Nachhinein – scheinbar kommt der, der den besten Riecher hat, am weitesten voran.

Oder aber man geht einen ganz anderen Weg. Man investiert in den Bereichen, in denen es eine garantierte Dividende gibt. Jesus sagt: »Gebt, was ihr habt, dann wird Gott euch so reich beschenken, dass ihr gar nicht alles aufnehmen könnt.«

Wer in seinem Leben nach Gott und seinem Reich fragt und auch dort seine Zeit und sein Geld investiert, der darf erleben, dass Gott reichlich zurückgibt.

Dabei geht es nicht immer um eine finanzielle Investition, sondern um die Investition meines Lebens. Gott weiß genau, was wir brauchen – er weiß auch um die Dinge, die man mit Geld nicht kaufen kann. Und er kennt die Dinge, für die wir Geld brauchen, um sie zu kaufen. Deshalb lohnt es sich, bei ihm zu investieren.

58

Berge können wie Wachs schmelzen

Wenn wir mit einer Sache nicht fertig werden, wird uns ein Maulwurfshügel zum Berg. Das heißt, die Schwierigkeiten erscheinen uns immer viel größer, als sie in Wirklichkeit sind. Aber so sind wir Menschen eben. Wenn wir etwas nicht mehr bewältigen, verlieren wir den Mut und sehen nicht mehr weiter.
Solche Schwierigkeiten lässt Gott in unserem Leben oft zu. Nicht, um uns ein schweres Leben zu bereiten, sondern weil er darauf wartet, dass die Menschen, die er erschaffen hat, auch zu ihm kommen und mit ihm leben. Wir kennen auch solche Situationen, wo wir den Überblick verloren haben, und konnten erleben, wie Gott auf wunderbare Weise geholfen hat. In Psalm 97, 5 heißt es: »Berge zerschmelzen wie Wachs vor dem Herrn.« Wie groß Ihr Berg auch sein mag: Sie dürfen dem Herrn vertrauen, dass der Berg wie Wachs zerschmelzen wird, wenn Sie ihm diese ganze Sache abgeben.
Durch Jesus Christus haben wir einen freien Zugang zum Vater im Himmel. Gehen Sie zu Jesus, vertrauen Sie ihm Ihr Leben einfach an. Sprechen Sie mit ihm. Er wird all Ihre Not, all Ihre Sorge lindern, und Sie fühlen sich wie neugeboren.

59

Er hilft überall durch

In der Bibel lesen wir von David. Dieser Mann hatte ein turbulentes Leben hinter sich. Sein Aufstieg vom Hirtenknaben zum König war wahrlich kein gemütlicher Spaziergang, sondern ein täglicher Kampf, bei dem er erfahren hat, dass es einen lebendigen Gott gibt. Wir sind heute keine Hirten und werden vielleicht auch keine Könige. Unsere Lebens-Täler sehen heute sicherlich anders aus. Aber das ängstliche Herz ist genau dasselbe geblieben. David konnte sagen: »Ich fürchte das Übel nicht, denn du bist bei mir.« Er hatte gerade in schweren Zeiten gelernt, dem lebendigen Gott zu vertrauen. Manches Schwere im Leben ist wohl überhaupt nur dazu da, damit wir lernen, den lebendigen Gott, Jesus Christus, kennen zu lernen.

Die Glaubenserfahrung ist ja nicht nur eine Sache von damals. Wir können heute dieselbe Erfahrung machen – mitten in unserer Zeit. Gott ist da, er vergibt Schuld, er reinigt das Herz, schenkt neuen Mut und Lebensfreude. Jesus ist ein wunderbarer Heiland. Wir möchten ihn in unserem Leben nicht missen.

60

Achten Sie auf den »Lichtstrahl Gottes«

In einem Experiment wurde das Verhalten von Laborratten in Stress-Situationen untersucht. Dabei setzten Wissenschaftler eine Ratte in ein Glas mit Wasser und stellten diesen Behälter in einen total dunklen Raum. Nach drei Minuten hörte die Ratte auf zu schwimmen. Danach wiederholten sie diesen Versuch, ließen aber einen Lichtstrahl in den Raum hineinscheinen. Dieses Mal schwamm die Ratte 36 Stunden lang – 720mal länger! Alles, was sie brauchte, war ein Lichtstrahl.

Jemand hat einmal gesagt, ein Mensch kann 40 Tage ohne Essen leben, 4 Tage ohne Wasser, 4 Minuten ohne Luft, aber nur 4 Sekunden ohne Hoffnung.

In der Bibel steht: »Dieses aber will ich meinem Herzen vorhalten, darum will ich Hoffnung fassen. Die Güte des Herrn ist es, dass wir nicht am Ende sind« (Klagelieder 3, 22).

Gottes Güte ist der Hoffnungsstrahl. Er gibt uns auch in schwierigen Lebenssituationen den Mut, dranzubleiben, die Kraft, ihm zu vertrauen, und die Geduld, auf seine Hilfe zu warten.

Wir wünschen Ihnen, dass Sie den Lichtstrahl Gottes in Ihrem Leben sehen können.

61

Jedermann oder Niemand?

Es gab einmal vier Menschen mit folgenden Namen: Der eine hieß »Jedermann«, der andere »Irgendjemand«, der dritte hieß »Irgendeiner« und der vierte »Niemand«.

Nun gab es eine wichtige Arbeit, die zu tun war, und »Jedermann« wurde beauftragt, sie zu tun. »Jedermann« war sich sicher, dass »Irgendjemand« sie tun würde. »Irgendeiner« hätte sie tun können, aber »Niemand« hat sie dann getan. »Irgendjemand« hat sich darüber geärgert, weil es »Jedermanns« Arbeit war. »Jedermann« dachte, »Irgendjemand« könnte sie tun, aber »Niemand« merkte, dass »Jedermann« es nicht tun würde. Am Ende beschuldigte »Jedermann« »Irgendjemand«, weil »Niemand« tat, was »Irgendeiner« hätte tun können. Und so etwas nennt man dann Teamarbeit.

Nun, bei diesem Wortspiel muss man vielleicht zweimal hinhören, um es genau zu verstehen, aber der Grundgedanke dürfte klar sein. Immer wird die Verantwortung auf jemand anders abgeschoben. Irgendjemand soll etwas tun, das, was irgendeiner hätte tun können. Dabei ist doch jedermann gefragt, aber niemand will es tun. Wenn Gott zu Menschen spricht, dann ist seine Anfrage immer persönlich. Sie bezieht sich dann nicht auf irgendjemand oder auf jedermann, sondern auf den Menschen, den Gott anspricht. Und da, wo Gott sagt: »Gib mir, mein Sohn, dein Herz« (Sprüche 23, 26), da meint er den Menschen ganz persönlich. Er meint mich, er meint Sie, und er möchte, dass wir ihm vertrauen und ihm dann auch dienen und nachfolgen.

Glaube ist eine sehr persönliche Sache. Kein anderer Mensch kann für uns glauben. Und Veränderung in unserem Leben erfahren wir erst dann, wenn wir persönlich anfangen, Gott zu vertrauen, seinem Wort zu glauben und ihm nachzufolgen.

62

Machen Sie Karriere bei Gott

Wissen Sie, wie man bei Gott Karriere macht? Nun, das können Sie von einer Frau mit dem Namen Rebekka lernen. Im Alten Testament können Sie Näheres über Rebekka erfahren. Die Bibel sagt, dass sie die Mutter Israels wurde, dass sie den Reichtum Abrahams ererbte und die Frau des Patriarchen Isaak wurde.

Aber angefangen hat ihre »Karriere«, als der Diener Abrahams, der auf der Suche nach einer Braut für Isaak war, zu ihrem Brunnen kam und sie sich freiwillig um die Reittiere der Karawane kümmerte und die Kamele tränkte. Dieser Diener Abrahams suchte eine Frau, die nicht bedient werden wollte, sondern diente. Es war ihre Güte den fremden Menschen gegenüber, die ihr die Tür zu einer bedeutungsvollen Aufgabe in ihrem Leben öffnete.

Vielleicht stehen Sie gerade vor Aufgaben, die Ihnen nicht sehr bedeutungsvoll erscheinen. Aber wenn Sie sie aus Güte und Treue tun, dann können auch diese Aufgaben der Schlüssel zu ganz anderen Aufgaben, die Gott für Sie bereithält, sein.

63

Kennen ist mehr als Wissen

Ein berühmter Redner zitierte vor einer versammelten Zuhörerschaft den 23. Psalm, und die Gäste applaudierten über die Art und Weise, wie er diesen Psalm sprach. Dann entdeckte dieser Mann auch den Vikar der Gemeinde unter den Zuhörern und bat ihn, auch etwas zu sagen. Zu seiner Überraschung zitierte der Vikar ebenfalls den 23. Psalm. Als er fertig war, gab es keinen Applaus. Es herrschte absolute Stille. Man sah, wie Menschen Tränen in den Augen hatten. Da stand der berühmte Redner auf, stellte sich neben den Vikar und sagte: »Der Unterschied ist dieser: Ich kenne den 23. Psalm. Er kennt den Hirten.«
Wie gut kennen Sie den Herrn? Wie nahe sind Sie Gott in Ihrem Leben? Niemand außer Ihnen selbst kann diese Frage beantworten.

64

Kleider machen Leute

Kennen Sie auch das Sprichwort: »Wie du kommst gegangen, so wirst du auch empfangen«? Oder anders herum gesprochen: Kleider machen Leute. Und es stimmt: Wie wir uns darstellen, macht schon einen großen Eindruck auf die Menschen, denen wir begegnen. Doch es gibt ja Werte, die sind viel wichtiger als das Äußere. Aber das sind meistens auch Werte, die wir uns aneignen müssen. So heißt es in der Bibel, im Brief des Apostels Paulus an die Christen in Kolossä: »Ziehet nun an als Gottes Auserwählte, Heilige und Geliebte herzliches Erbarmen, Freundlichkeit, Demut, Sanftmut und Geduld« (Kolosser 3).

Wenn man sich Gott öffnet und den Dingen im eigenen Leben Raum schenkt, die Gott uns für ein neues Leben gegeben hat, dann werden wir auch daran erkannt, genauso wie Menschen an der Kleidung erkannt werden, was sie darstellen und was sie sind.

Wir wünschen Ihnen, dass Sie sich für diesen Tag gut anziehen, und zwar nicht nur äußerlich, sondern dass andere an Ihnen die Dinge erkennen, die wirklich zählen.

Bitte lächeln!

Sicherlich haben Sie schon einmal davon gehört, dass der Mensch, wenn er lächelt, viel weniger Gesichtsmuskeln beansprucht, als wenn er ein ernstes Gesicht macht. Ein Forschungsteam der Universität von Kalifornien hat dazu festgestellt, dass schon bei einem gestellten Lächeln positive Hormone freigesetzt werden, die das Immunsystem stärken. Ein finsterer Blick dagegen setzt negative Hormone frei, die das Immunsystem schwächen. Auch ist es erwiesen, dass die Thymusdrüse gestärkt wird, wenn wir jemanden lächeln sehen. Eine aktive Thymusdrüse wirkt vorbeugend gegen viele Krankheiten.

Also, wenn Sie lächeln, tun Sie sich und anderen viel Gutes. Diese Erkenntnis ist nicht neu. In der Bibel steht schon: »Ein fröhliches Herz fördert die Genesung, aber ein niedergeschlagener Geist dörrt die Gebeine aus« (Sprüche 17, 22). Ein fröhliches Herz erhält jeder Mensch, der sein Leben zu Gott hin ausrichtet. Wenn Sie anfangen, Gott zu vertrauen, erfahren Sie seine Hilfe und Führung, so wie es der Psalmist beschreibt: »Der Gottlose hat viele Plagen, wer aber dem Herrn vertraut, den wird die Güte umfangen. Freuet euch des Herrn und seid fröhlich, ihr Gerechten« (Psalm 32, 10.11).

66

So funktioniert eine Reparatur

Es ist noch gar nicht so lange her, da hat es sich noch gelohnt, seine Uhr zum Uhrmacher zu bringen, wenn sie kaputt war. Heute ist es oft günstiger, sich eine neue Uhr anzuschaffen, als sie reparieren zu lassen. Seinerzeit brachte ein Mann seine kaputte Uhr zu einem Uhrmacher und fragte ihn: »Können Sie diese Uhr reparieren?« Der Uhrmacher antwortete ihm, dass das möglich sei. »Wie lange wird es dauern, bis Sie das wieder hinbekommen?«, fragte der Mann. Als der Uhrmacher ihm den Termin nannte, nahm der Mann die Uhr zurück, legte sie an sein Handgelenk und sagte: »Na ja, dann wird ja nach dieser Zeit meine Uhr wieder laufen.« Der Uhrmacher entgegnete: »Natürlich wird Sie wieder laufen. Aber Sie müssen mir die Uhr hier lassen, damit ich sie reparieren kann.«
So ähnlich gehen Menschen mit Gott um. Sie bringen ihr Leben mit allen Nöten und Problemen zu ihm, sie bekommen von ihm die Zusage, dass er heilen und retten möchte, dass er verändern will, dass er die Dinge in unserem Leben, die so schmerzhaft sind, wieder richten möchte und uns Frieden in unser Herz legen will. Dann sagt man: »Danke für die gute Nachricht« – und geht wieder seinen eigenen Weg und wundert sich dann, dass das Leben doch nicht funktioniert. Wenn Ihnen jetzt dazu einige Situationen aus Ihrem Leben einfallen, dann sprechen Sie mit Gott darüber. Er möchte Sie nicht mit einer kaputten Lebensuhr herumlaufen lassen.

67

Mut zur Wahrheit

Kennen Sie die Geschichte von dem Mann, der beim Fischen nichts gefangen hatte? Auf dem Weg nach Hause ging er in einen Fischmarkt und kaufte sich drei große Fische. Dann bat er die Bedienung, ihm die Fische zuzuwerfen. So könnte er zu Hause seiner Frau erzählen, dass er die Fische gefangen hatte.
Hand aufs Herz: Wie oft erwischen wir uns dabei, ähnlich zu handeln? Wir suchen einen Ausweg aus einer peinlichen Situation, wir möchten die Gefühle eines anderen nicht verletzen, und ab und zu möchten wir einfach besser dastehen, als wir wirklich sind. Die schönsten Lügen sind im Grunde die, die wir uns selbst erzählen und am Ende auch noch glauben.
Wissen Sie, das größte Problem eines Lügners ist ja das, dass er keinem anderen vertrauen kann, denn wie jemand sein Leben führt, so beurteilt er auch seinen Nächsten.
In der Bibel steht: »Falsche Lippen sind dem Herrn ein Gräuel, wer aber die Wahrheit übt, gefällt ihm wohl« (Sprüche 12, 22).

68

Geben Sie Ihrem Leben eine neue Richtung

In der Bucht von Neapel gibt es eine Qualle, die für ihr Leben gerne eine bestimmte Sorte von Schnecken frisst. Aber diese Schnecken haben eine sehr harte Schale, und die Qualle kann sie nicht verdauen. Am Ende saugt sich die Schnecke an der Innenseite der Qualle fest und beginnt ganz langsam, diese aufzufressen. Wenn die Schnecke schließlich zu ihrer vollen Größe gewachsen ist, hat sie die ganze Qualle aufgefressen.

Der Punkt der Geschichte ist, dass es viele Dinge im Leben gibt, von denen wir meinen, wir könnten sie handhaben. Dinge wie Alkohol, Sorgen, Geiz oder auch ganz einfach die Ziellosigkeit unseres Lebens. Doch letztlich klammern sich diese Dinge an uns wie die Schnecke an die Qualle und werden uns irgendwann selbst vernichten.

Der weise Schreiber der Sprüche sagt uns schon: »Verlass dich auf den Herrn von ganzem Herzen, und verlass dich nicht auf deinen Verstand, sondern gedenke an ihn in allen deinen Wegen, so wird er dich recht führen« (Sprüche 3, 5 + 6).

Vielleicht ist es Ihnen ja auch eine Hilfe, Ihren eigenen Zustand zu bewerten, wenn Sie sich diese drei Fragen beantworten:

- Bringt mir das Freude, was ich zur Zeit tue?
- Bin ich glücklich mit der Richtung meines Lebens?
- Bin ich zufrieden mit dem, was aus mir wird?

Wenn Sie diese Fragen nicht mit einem klaren Ja beantworten können, dann richten Sie doch Ihr Leben ganz neu auf Gott und die Beziehung zu ihm aus. Es ist gut zu wissen, dass Gott uns ein Leben schenken möchte, das uns nicht zerstört, sondern ganz neu aufbaut!

69

Die Krankheit hat nicht das letzte Wort

Krankheit ist furchtbar, und ganz besonders der Krebs ist eine furchtbare Krankheit. Eine Krankheit, die den Körper zerstört. Wir haben das selber erlebt, als vor vielen Jahren Wilfrieds Mutter an dieser Krankheit gestorben ist.

Aber es gibt auch eine andere Seite von Krankheit und Schmerz. In der bekannten Mayo-Klinik soll ein Plakat mit folgender Aufschrift hängen: »Der Krebs ist begrenzt. Er kann die Liebe nicht verkrüppeln, er kann die Hoffnung nicht zerschlagen. Er kann den Glauben nicht verfallen lassen. Er kann am Frieden nichts wegnehmen. Er kann die Zuversicht nicht zerstören. Er kann keine Freundschaften töten. Er kann Erinnerungen nicht auslöschen. Er kann die Zuversicht nicht zum Schweigen bringen. Er kann die Seele nicht erobern. Er kann das ewige Leben nicht begrenzen. Er kann den Geist nicht dämpfen, und er kann die Kraft der Auferstehung nicht schwächen.«

Die Realität der Liebe und Kraft Gottes erfahren wir da, wo wir sie brauchen. Als Mutter im Sterben lag, hat sie folgendes gesagt: »Wir haben immer verkündigt, dass Gott hilft, dass Jesus uns Menschen nahe ist, da wo man in Krankheit und Not ist. Wir haben es nicht laut genug gesagt.«

Eine solche Zuversicht schenkt Gott Menschen, die ihm vertrauen, indem sie an den glauben und auf den hoffen, den er in diese Welt gesandt hat, Jesus Christus.

70

Keine Ausreden

Jesus erzählte einmal eine Geschichte, wo ein Mann zu einem großen Festessen eingeladen hatte (Lukas 14, 15 ff). Als alles fertig war und die Einladungen ausgesprochen wurden, hatte jeder auf einmal eine Ausrede. Einer musste ein Grundstück besichtigen, das er gekauft hatte. Jemand anders hatte fünf Gespanne Ochsen angeschafft – die musste er sich natürlich ansehen. Ein Dritter hatte gerade geheiratet – da muss man ja Verständnis haben, dass jetzt andere Prioritäten zählen. Der Gastgeber aus der Geschichte wurde sehr ärgerlich und sagte, dass keiner von denen, die eingeladen waren, an seinem Fest teilnehmen werden.

Jesus erzählte die Geschichte im Blick auf das Fest, zu dem Gott einlädt – dem Fest des Lebens. Auch wir haben so oft gute Ausreden, warum wir uns auf Gottes Einladung zu der Gemeinschaft mit ihm und zu seinem Leben nicht einlassen wollen. Aber da, wo wir »Nein« zu Gott sagen, verpassen wir das Leben an sich.

C. S. Lewis hat einmal gesagt: »Wer sich aus dem Willen Gottes hinausbewegt, der bewegt sich ins Nichts.« Welche Antworten geben Sie Gott, wenn er in Ihr Leben eingreifen möchte, wenn er Veränderung bringen will?

Gott zu vertrauen, ein Nachfolger Jesu Christi zu sein, hat Konsequenzen. Gott sucht ja nicht nach Ausreden, sondern er fordert unsere Hingabe und unser Vertrauen.

71

Vortäuschung falscher Tatsachen

Haben Sie schon einmal den Ausdruck gehört: Das ist »Vortäuschung falscher Tatsachen«? Sicherlich kennen Sie Situationen, wo man bewusst oder unbewusst einen Eindruck erwecken möchte, der nicht ganz der Wahrheit entspricht. Damit verbindet sich dann die Hoffnung, besser dazustehen oder aus einer peinlichen Situation herauszukommen.

Menschen können wir sehr schnell ein X für ein U vormachen, aber bei Gott wird das doch recht schwierig. Und das Tragische ist: Da, wo wir versuchen, Gott etwas vorzumachen, schaden wir uns selbst. Wir bauen eine Barriere zwischen uns und Gott auf und verhindern so, dass Gott seinen Segen in unserem Leben sichtbar machen kann.

Jesus Christus hat gesagt, dass die Wahrheit den Menschen frei macht. Das trifft nicht nur auf die Beziehung zwischen den Menschen zu. Dies trifft auch in unserer Beziehung zu Gott zu, denn er hat verheißen, dass er den Aufrichtigen sein Gelingen schenkt.

72

Seien Sie offen für einen Spurwechsel

Wir haben viele Jahre in Kanada gelebt. Kanada ist unter anderem bekannt für seinen kalten Winter, ganz besonders in der Prärie. Im Herbst kann es passieren, dass die Traktoren und Fahrzeuge dort, wo der Boden noch weich ist, tiefe Spuren in die nicht asphaltierten Wege eindrücken.

Diese Spuren frieren dann im Winter zu. An einer dieser Stellen steht ein Schild mit der Aufschrift: »Seien Sie vorsichtig, wenn Sie sich eine Spur aussuchen, denn Sie werden die nächsten 20 Kilometer in dieser Spur sein.«

Im Leben ist das ähnlich. Wir suchen uns eine Spur aus und hängen dann in dieser Spur drin. Es ist gar nicht so einfach, dann die Bahn zu wechseln. Gott lädt den Menschen immer wieder zu einem Spurwechsel ein.

Zu seinem Volk sagt er durch den Propheten Jesaja: »Warum gebt ihr euer sauer verdientes Geld aus für Brot, das nicht sättigt? Hört doch auf mich und tut, was ich sage. Dann bekommt ihr genug. Ihr dürft köstliche Speisen genießen und euch satt essen. Hört mir zu und kommt her, ja, nehmt meine Weisungen an, damit ihr am Leben bleibt« (Jesaja 55, 29).

Ist vielleicht heute für Sie der Tag, an dem Sie Ihre Lebensspur verändern sollten? Dann können Sie das mit Gottes Hilfe. Und nicht nur das. Er setzt Sie auf die richtige Bahn. Er hat in seinem Wort verheißen, dass er Menschen mit seinen Augen leiten möchte. So nahe will Ihnen Gott heute sein.

73

Nicht ziellos leben

Stellen Sie sich vor, Sie sitzen im Flugzeug, Sie haben sich angeschnallt, die Maschine hebt ab und Sie sind auf dem Weg in Ihren Traumurlaub. Nun meldet sich der Kapitän und sagt: »Herzlich willkommen an Bord. Fühlen Sie sich wie zu Hause. Wir hoffen, dass wir Ihnen den Flug so angenehm wie möglich machen können. Leider muss ich Ihnen aber auch mitteilen: Wir haben keine Zielvorgabe. Wir wissen nicht, wohin wir fliegen.«
Das wäre nicht der Anfang eines Traumurlaubs – das wäre ein Albtraum! Denn irgendwann geht dem Flieger der Sprit aus, und dann stürzt man ab. Kennen Sie das Ziel Ihres Lebens? Nur zielorientierte Menschen können ihren Standort bestimmen, sie können den Weg beurteilen, den sie gehen, und leben mit einer Hoffnung auf das, was vor ihnen liegt.
Paulus, ein Jünger Jesu, hat das einmal so gesagt: »Manchmal würde ich am liebsten schon jetzt sterben, um bei Christus zu sein. Gibt es etwas Besseres? Andererseits ist mir klar, dass ich bei euch noch eine wichtige Aufgabe zu erfüllen habe« (Philipper 1, 23). Wer Christus kennt, der hat ein Ziel für Zeit und Ewigkeit.

74

Erfolgreiche Tage erleben

Damit Sie das Beste aus diesem Tag machen, möchten wir Ihnen gerne zwei Tipps mitgeben. Der erste ist: Konzentrieren Sie sich auf Ihre Verantwortungsbereiche, nicht auf Ihre Rechte. Unsere Welt ist nicht vollkommen, und wir werden auch nicht fair behandelt. Wenn wir weiterkommen wollen, müssen wir mit wenig Gepäck reisen. Das heißt, dass wir alle Vorbehalte und auch allen Groll ablegen.

In der Bibel steht, dass der Gott des Friedens auf unserer Seite steht, wenn wir danach trachten, was wahrhaftig, was ehrbar, was gerecht, was liebenswürdig, was wohllautend ist.

Das zweite, was Ihren Tag erfolgreich machen wird, sind die Menschen und Informationen, mit denen Sie sich umgeben. Im Buch der Sprüche steht: »Der Umgang mit den Weisen macht dich weise. Wer aber an den Narren Wohlgefallen hat, wird in Sünde fallen.«

75

Lügen haben kurze Beine

Es gibt ein Sprichwort, das sagt: »Lügen haben kurze Beine.« Und dennoch: Viele Menschen mogeln sich durchs Leben. Dabei geht es nicht darum, dass wir lügen wollen, sondern vielmehr wollen wir z. B. einer unangenehmen Situation ausweichen. Wir meiden die Auseinandersetzung und deren Folgen, möchten uns vielleicht auch ein bisschen besser darstellen, als wir wirklich sind. Und natürlich: Es geht uns auch oft um die Gefühle des anderen, die wir nicht verletzen wollen.

Und trotzdem: Lügen haben kurze Beine. Sie bringen uns nicht zum Ziel. Jemand hat einmal gesagt: »Die meisten von uns würden sich lieber durch Lob ruinieren lassen, als durch Kritik gerettet zu werden.«

In der Bibel steht: »Ein Freund meint es gut, selbst wenn er dich verletzt. Ein Feind aber schmeichelt dir mit übertrieben vielen Küssen.«

Wir wünschen Ihnen, dass Sie heute aufrichtige Begegnungen erleben und dass man Ihnen ehrlich gegenübertritt. Denn Liebe, die offen zurechtweist, ist besser als Liebe, die sich ängstlich zurückhält.

Endlich mal zur Ruhe kommen

Kennen Sie auch das Gefühl, gelebt zu werden? Vielleicht gehören Sie auch zu den Menschen, die von Termin zu Termin hetzen und denen es schwer fällt, einmal zur Ruhe zu kommen. Vielleicht haben Sie ja schon Bücher darüber gelesen, wie Sie sich durch eine Zeitplanung Freiräume in Ihrem Alltag schaffen, die Sie für Ruhepausen nutzen können. Theoretisch ist uns das ja klar, dass wir nicht immer nur unter Volldampf leben können.

Damit wir nicht auf der Strecke liegen bleiben, brauchen wir stille Momente in unserem Leben. Wir brauchen Zeit zum Auftanken, Zeit, um zur Ruhe zu kommen – und wir brauchen Zeit mit Gott! Überlegen Sie einmal, wie Sie solche Freiräume schaffen können. Vielleicht dadurch, dass Sie auch mal einen Termin absagen. Setzen Sie sich stattdessen doch einmal ruhig in einen Sessel und lesen in der Bibel. Sie werden erleben, dass Gott Ihnen dadurch neue Kraft für den Alltag gibt. Und Sie werden erstaunliche Entdeckungen machen.

77

Machen Sie einen Termin mit Gott

Immer wieder stellen wir in unserem Leben fest, dass wir uns von Termin zu Termin treiben lassen. Das gilt übrigens nicht nur für den Beruf, sondern vor allem auch für die Freizeit. Wissen Sie, dass so etwas fatale Folgen haben kann? Während Sie diese Gedanken lesen, erleiden acht Bundesbürger in Deutschland gerade einen Herzinfarkt. Und zwei werden sogar daran sterben.

Bei Jesus war das völlig anders. Er hatte auch ein volles Lebensprogramm, aber sein Leben war ausgeglichen. Wie hat er das geschafft? Sein Geheimnis war eine gute Balance zwischen Arbeit und Ruhe. Als die Jünger zum Beispiel einmal von einem »Großeinsatz« nach Hause kamen, schickte Jesus sie nicht sofort zum nächsten, sondern er riet ihnen, sie sollten erst mal ausruhen (Markus 6, 30 ff).

Ein gefüllter Terminkalender sagt nichts darüber aus, ob das Leben auch ausgefüllt ist. Es ist nicht unbedingt beneidenswert, von Termin zu Termin zu hecheln. Von Jesus können wir lernen, was es heißt, ein ausgeglichenes Leben zu führen. Er hatte immer einen »Termin mit Gott« frei und holte sich bei ihm die nötige Kraft für die anderen Termine.

78

Schalten Sie doch einfach mal einen Gang zurück

Wissen Sie, was viele Menschen richtig auf die Palme bringen kann? Wenn jemand für sich eine Entscheidung trifft und einfach einmal bestimmte Lebensansichten hinterfragt. Zum Beispiel die Ansicht, bei allem immer dabei sein zu müssen. Warum scheint uns das wichtig zu sein, uns nicht auszuschließen?
Zum einen kann das mit einem Schuldgefühl zusammenhängen, das uns einreden will, wir könnten doch nicht auf einmal »Nein« sagen, wo wir doch bisher immer »Ja« gesagt haben. Zum anderen haben wir vielleicht Angst vor den Reaktionen der anderen, wenn wir »einen Gang zurückschalten«. Es kann auch sein, dass wir sogar Angst davor haben, dass uns Gedanken kommen könnten, die wir durch die Hektik unseres Lebens bisher immer ruhig halten konnten.
Sicher ist es ein Wagnis, wenn wir uns Zeit gönnen, über uns und unser Leben nachzudenken. Aber Gott will uns in der Stille begegnen. Er möchte uns sagen, was er über uns denkt. Er will uns auf neue Gedanken bringen. Dafür ist es aber wichtig, einmal ganz bewusst »einen Gang zurückzuschalten« und das Leben zu verlangsamen. Sind Sie dazu bereit?

79

Nehmen Sie sich Zeit für Gott

Der englische Theologe Ian Thomas schreibt in einem seiner Bücher: »Sie sollten Gott genügend Spielraum lassen, um Sie zeitlich und räumlich dirigieren zu können. Jesus hat sich immer wieder an einsame Orte zurückgezogen, um mit seinem himmlischen Vater zu sprechen. Er suchte Zeit zur Stille. Diese Zeit war ihm so wertvoll, dass er sie immer wieder einplante. Selbst auf dem Höhepunkt seiner Popularität, wo Tausende Menschen zu ihm kamen, um ihn zu hören, entwich Jesus immer wieder den Menschenmengen, um Zeit für die Stille zu haben.«

Dieses Verhalten hatte eine solche Ausstrahlungskraft, dass die Jünger Jesus baten: »Herr, lehre uns beten!« Sie hätten bestimmt auch sagen können »Herr, lehre uns heilen!« oder »Herr, lehre uns Wunder tun!« oder »Herr, lehre uns, mit Vollmacht zu predigen!«. Aber sie hatten erkannt, dass das Geheimnis um Jesus in der Gemeinschaft mit seinem himmlischen Vater lag.

»Im Gebet atmen wir tiefe Züge der Liebe und Gnade Gottes ein. Im Lob atmen wir sie wieder aus«, hat der englische Prediger C. H. Spurgeon einmal gesagt.

Wer aufatmen will und frischen Sauerstoff für seine Seele tanken möchte, der sollte sich genügend Zeit fürs Beten nehmen.

80

Nur zu wissen, wohin es gehen soll, reicht nicht aus

Eine Statistik besagt, dass 50 Prozent der Menschen nicht wissen, was sie im Leben eigentlich wollen. Weitere 40 Prozent gehen in die Richtung, in die sie geführt werden. Die restlichen 10 Prozent wissen, was sie gerne tun würden, aber weniger als die Hälfte davon ist bereit, den Preis zu zahlen, um dieses Ziel zu erreichen.

Es reicht im Leben einfach nicht aus, dass man weiß, was man will. Man muss sich auch auf den Weg machen, sein Ziel zu erreichen.

Welche Ziele haben Sie für Ihr Leben gesetzt? Sind sie verständlich genug, dass Sie sie aufschreiben können; kurz genug, dass Sie sie in einem Paragraphen zusammenfassen können? Sind diese Ziele stark genug, um Ihnen auch zu helfen, durchzuhalten, und auch wertvoll genug, damit Sie bereit sind, den Preis zu zahlen, das Ziel zu erreichen?

Jesus Christus hat sogar die Schande des Kreuzes auf sich genommen, denn er sah die Herrlichkeit, die Auferstehung und eine Gemeinde der Christen, die die Welt verändern würde. Der Apostel Paulus konnte sagen: »Ich jage dem Ziel nach, dem Kampfpreis der himmlischen Berufung Gottes in Christus Jesus.«

Wir wünschen Ihnen, dass Sie nicht nur gute Ziele haben, sondern auch die Kraft und den Willen, sie zu erreichen.

81

Reisen Sie mit wenig Gepäck

Haben Sie diesen Satz auch schon einmal gehört? »Das ist mein Recht, mein gutes Recht.« Und erbittert kämpfen wir für unser Recht. Dabei kann es dann passieren, dass man im Recht ist, aber einsam und verbittert.

Da, wo ich meine Konzentration auf meine Verantwortung lenke und nicht auf meine Rechte, komme ich im Leben weiter. Wir leben in einer unvollkommenen Welt, und wir werden auch nicht immer fair in dieser Welt behandelt. Wenn wir weiterkommen wollen, müssen wir mit wenig Gepäck reisen, das heißt, wir müssen all unseren Groll und all unsere Bitterkeit abladen und unser Denken mit den Dingen füllen, die uns nach vorne bringen.

In der Bibel steht, dass wir nach dem trachten sollen, was wahrhaftig, was ehrbar, was gerecht, was liebenswert, was wohllautend, was eine Tugend oder ein Lob ist. Wenn ich dieser Verantwortung nachkomme, dann bin ich auch im Recht – egal, wie das Leben mit mir spielt.

82

Auch negative Situationen können positiv sein

Manche Lebenssituationen kann man einfach nicht einordnen. Man will das Richtige tun, gibt sein Bestes und wird scheinbar dafür noch bestraft. So ging es Daniel, einem Mann, der am Hofe des Königs Darius in leitender Position stand. Wegen seiner Treue zu Gott wurde er den Löwen vorgeworfen. Doch Daniel lernte in dieser Situation ganz neu, Gott zu vertrauen. Mehr noch: König Darius lernte, dass er nicht Gott ist, auch wenn er sich als Gott betiteln und verehren ließ.

Es ist im Leben oft so, dass unsere Herausforderungen nicht nur unseren Glauben stärken, sondern auch eine Hilfe für andere Menschen sind. Wenn Sie gerade jetzt in einer schwierigen Situation sind: Vielleicht möchte Gott gerade Sie benutzen, indem er Ihren Glauben und Ihr Vertrauen stärken will und anderen Menschen die Augen öffnet für das, was wahr und wichtig im Leben ist. Danken Sie Gott auch für die schweren Stunden in Ihrem Leben. Er ist bei Ihnen.

83

Eine ganz besondere Partnerschaft

Allein auf hoher See und kein Land in Sicht. Beschreibt dieser Satz vielleicht Ihre Lebenssituation? Wie schnell fühlt man sich verlassen, isoliert und auf sich allein gestellt.

Menschen, die eine Beziehung zu Gott haben, erleben gerade in diesen Situationen, wie gut es ist, dass sie diese Beziehung haben. Sie merken, dass sie nicht allein sind – mehr noch: Sie haben einen Partner, der ihnen zur Seite steht.

Der China-Missionar Robert Morrison wurde von dem Kapitän des Schiffes, das ihn nach China brachte, ständig gestichelt und hinterfragt. Als er sich verabschiedete, sagte der Kapitän: »Ich nehme wohl an, Sie denken, dass Sie einen gewaltigen Eindruck hier in China hinterlassen werden.« Darauf antwortete Morrison: »Nein, Herr Kapitän, aber ich glaube, dass Gott das tun wird.«

In der Partnerschaft mit Gott ist man nicht nur nicht mehr alleine, sondern es eröffnen sich ganz neue Dimensionen. Der Apostel Paulus sagte in dieser Situation: »Ich vermag alles durch den, der mir Kraft und Stärke gibt.«

Wir wünschen Ihnen, dass Sie Gott als Ihren Partner in Ihren alltäglichen Lebenssituationen erleben.

84

Klopfen Sie an der richtigen Tür

In der Bibel steht eine große Verheißung. Es heißt dort: »Bitte, so wird dir gegeben. Suche, so wirst du finden. Klopfe an, und die Tür wird dir aufgetan.«

Wie viele Menschen sind in ihrem Leben in Sackgassen gelandet, weil sie der Lüge geglaubt haben, dass es keine Antwort, keinen Ausweg und keine Hilfe gibt! Sie sagen vielleicht: »Aber Sie wissen gar nicht, in was für einer schwierigen Situation ich mich befinde! Menschlich ist wirklich Hopfen und Malz verloren. Hier kann man nichts mehr machen.«

Das kann so aussehen, das kann vielleicht sogar so sein. Aber wer Gott vertraut, einem Gott, der sein Volk in der Wüste versorgen konnte, einem Gott, der die Toten zum Leben erweckt, einem Gott, der die Herzen von Menschen verändert, der kann erleben, dass Gott ihn zum Ziel bringt, dass Gott ihm selbst in schwierigen Situationen zur Seite steht.

Deshalb ist es wichtig, dass wir an der richtigen Stelle fragen, an der richtigen Stelle suchen und an der richtigen Stelle anklopfen. Diese Stelle heißt Jesus.

85

Gehen Sie den Weg, den andere gehen sollen

Abraham Lincoln ist für uns einer der größten Präsidenten, den die Vereinigten Staaten je gehabt haben. Das machen wir nicht an dem fest, was dieser Mann geleistet hat, sondern an dem, was er geglaubt hat und wofür er eingestanden ist.
So hat Abraham Lincoln z. B. einmal gesagt: »Wenn du deinem Kind den Weg zeigen möchtest, den es gehen soll, dann gibt es dafür nur eine Möglichkeit, nämlich dass du diesen Weg selber gehst.«
Wenn unsere Worte einen Weg beschreiben und unser Leben einen anderen aufzeigt, werden unsere Kinder letztlich den Handlungen folgen. Wenn ein Kind mit Kritik groß wird, dann lernt es zu verurteilen. Wenn es mit Feindseligkeit lebt, lernt es, gewalttätig zu werden. Wenn es mit Verachtung lebt, lernt es, schüchtern zu leben. Wenn es mit Scham leben muss, lernt es, sich schuldig zu fühlen.
Aber wenn es mit Ermutigung lebt, so lernt es Zuversicht, und wenn es mit Lob lebt, lernt es, andere zu schätzen. Wenn es mit Geborgenheit lebt, so lernt es Vertrauen. Und wenn es mit Annahme lebt, so lernt es sogar, die Welt zu lieben. »Schließlich, meine lieben Brüder, orientiert euch an dem, was wahrhaftig, gut und gerecht, was anständig, liebenswert und schön ist. Wo immer ihr etwas Gutes entdeckt, das Lob verdient hat, darüber denkt nach. Haltet an dem Evangelium fest, so wie ihr es von mir gehört und angenommen habt. Richtet euch nach dem, was ich euch gelehrt habe,

und lebt nach meinem Vorbild. Dann wird Gott bei euch sein und euch seinen Frieden schenken« (Philipper 4, 8 – 9).

Wir wollen Ihnen Mut machen, nicht nur von richtigen Wegen zu reden, sondern richtige Wege zu leben und zu gehen. Es hinterlässt Spuren, die bleiben – Spuren, denen andere folgen können.

86

Das Kreuz – Symbol eines Sieges

Haben Sie sich schon einmal gefragt, warum ein Folter- und Todesinstrument wie das Kreuz ein so wichtiges Symbol des christlichen Glaubens ist? Haben Sie sich auch einmal gefragt, warum Menschen auf dem Gipfel eines Berges ein solches Kreuz aufstellen? Die Botschaft des Gipfelkreuzes lautet: »Menschen haben den Berg mit seinen Gefahren besiegt und bezwungen.« Hier ist das Kreuz ein Zeichen des Sieges, nicht des Todes.

Auch das Kreuz von Golgatha ist ein Zeichen des Sieges. Wie viele Berge gibt es in unserem Leben? Berge von Schwierigkeiten, von Sorgen und Not, Berge von Leid und Schuld, Berge von Mühsal und Einsamkeit? Jesus hat alle diese Berge besiegt und bezwungen. Auf diesen Bergen steht sein Kreuz als Zeichen seines Sieges.

Bei einem Gipfelkreuz ist es der Brauch, dass man sich in ein Buch oder eine Liste einträgt, wenn man dieses Kreuz erreicht hat. Auch wenn man den Sieg Jesu in Anspruch nehmen möchte, muss man sich eintragen. Das heißt, man muss das Kreuz erreichen, muss annehmen, dass Jesu Tod, sein Leiden für uns Sieg und Freiheit gebracht haben. Unter dem Siegeskreuz Jesu werden auch wir zum Sieger, wenn wir dem vertrauen, der dort sein Leben für alle Menschen gelassen hat.

87

Damit der Pfeil fliegt, muss der Bogen gespannt sein

Ein Bekannter von uns ist Jäger in Kanada. Er jagt auf ganz besondere Weise, nämlich mit Pfeil und Bogen. Dieser Bogen ist ein ganz besonderer Bogen, der es einem durch eine Art Flaschenzug erlaubt, den Bogen gespannt zu halten, ohne die Spannung zu fühlen. Entscheidend ist aber bei jedem Bogen, dass der Bogen zurückgezogen, gespannt sein muss, bevor der Pfeil fliegen kann.

Ein Bild für unser Leben. Wenn wir nach vorne kommen wollen, müssen wir uns erst zurückziehen. Von Jesus heißt es, dass er sich in der größten Hektik seines Dienstes immer wieder zurückzog. In dieser Stille fand er die Kraft, nach vorne zu gehen, Menschen zu dienen, für Menschen sein Leben zu lassen.

Von diesen wichtigen Momenten haben Sie ja bereits einiges in diesem Buch gelesen. Warum wir das hier noch einmal erwähnen? Weil wir so vergesslich sind! Selbst die Dinge, die uns im Leben helfen, vergessen wir. Wenn wir den Kontakt zu Gott schleifen lassen, kann das negative Auswirkungen auf unser Leben haben. Deshalb: Bleiben Sie dran! Nehmen Sie sich Zeit für Gott.

88

Der Tod hat keine Hände

Ein afrikanischer Christ verlor durch eine Krankheit seine 17-jährige Tochter. Die ganze Familie war mit Trauer erfüllt, aber auch getröstet durch die Hoffnung auf ein ewiges Leben. Auf dem Grabstein der Tochter ließ der Vater folgende Inschrift anbringen: »Der Tod hat keine Hände.«

Als ein Missionar ihn fragte, was diese Inschrift bedeutet, sagte er: »Ich weiß, dass mir der Tod mein Kind nicht wegnehmen und auf ewig festhalten kann, sondern ich werde es bei Jesus wiedersehen. Der Tod hat ja seit Ostern keine Hände mehr.«

Der Tod hat keine Hände. Aber Gott hat starke Hände, die uns bis in die Ewigkeit festhalten. Jesus sagt von Menschen, die zu ihm gehören: »Der Vater, der sie mir gegeben hat, ist größer als alles, und niemand kann sie aus meines Vaters Hand reißen« (Johannes 10, 28).

In diesen Händen können wir uns geborgen fühlen – egal, in welcher Lebenssituation Sie sich gerade befinden.

89

Lernen Sie Vergebung leben

Haben Sie auch schon mal erlebt, wie eine Beziehung in die Brüche gegangen ist? Vielleicht ist eine Freundschaft zu Ende gegangen oder Sie merken, dass Sie sich nicht mehr so gut verstehen, oder es ist ein böses Wort gefallen. Beziehungen leben von der Vergebung. Sie können nur dann geheilt werden, wenn wir bereit sind, einander unser Vergehen zu bekennen und zu vergeben.
Wenn wir davon reden, dass Gott uns seine Vergebung schenkt, dann hat das eine besondere Qualität. Gottes Vergebung setzt Maßstäbe. Ein gutes Beispiel, wie Vergebung gedacht ist, findet sich im Alten Testament. Die Geschichte von Josef (1. Mose 44) hat viel mit Vergebung zu tun. Da wollen die Brüder Josefs diesen Besserwisser und Liebling des Vaters ein für allemal aus dem Weg schaffen und verkaufen ihn. Aber Gottes Plan sah ganz anders aus – und so kam es nach vielen Jahren erneut zu einer Begegnung. Josef rechnete seinen Brüdern nicht vor, was sie ihm angetan hatten. Er reagiert ganz anders: »Und nun bekümmert euch nicht und ärgert euch nicht darüber, dass ihr mich hierher verkauft habt«, sagt er. Das konnte Josef sagen, weil er wusste, dass Gott alle Situationen zum Guten kehren kann. Er wusste, dass nur Gott es ist, der über die Handlungen der Menschen richten darf. Daher konnte er vergeben, weil er wusste: Gott hatte schon vergeben.

90

Nehmen Sie sich den richtigen Anwalt

Kennen Sie auch Tage und Situationen, in denen Sie sich selber nicht ausstehen können? Sie sind frustriert über das, was Sie denken und tun, und vielleicht kommt Ihnen auch einmal der Gedanke: »Wie kann Gott mich denn annehmen, wie kann er mich lieben, wenn ich diese Gedanken habe und mich so lieblos verhalte?«

Gerade in diesen Situationen ist es gut zu lesen, was in der Bibel steht. Dort steht, dass wir einen Fürsprecher haben. Dieser Begriff in der Bibel kommt aus der Rechtssprache. Wir haben einen Anwalt, der uns vertritt, ja, der selber all unsere Schuld schon bezahlt hat, damit wir da, wo wir ihm vertrauen, leben können, wirklich leben können.

In der Bibel heißt es: »Daher kann er auch diejenigen vollkommen erretten, die durch ihn zu Gott kommen, da er immerdar lebt, um für sie einzutreten.« Wenn Sie Jesus Christus als Ihren Fürsprecher bei Gott im Himmel haben, dann haben Sie gute Karten. Dann haben Sie die Gewissheit des ewigen Lebens und Kraft zur Veränderung auch in den Situationen, in denen Sie sich selber nicht ertragen können.

91

Nicht alleine in der Angst

Was macht man nur mit seiner Angst? Sie kommt, wann sie will, sie fesselt uns, sie lähmt unser Denken, sie nimmt uns die Freude, sie prägt uns und sie kann uns sogar krank machen. Die Angst, die aus der Vorsicht geboren ist, ist ja etwas Gutes, aber die Angst, die so stark ist, dass sie unser Leben beherrscht, ist eine zerstörende Macht.

Es ist gut, dass man mit seiner Angst nicht alleine zu bleiben braucht. Der Psalmist sagt schon: »Wenn mir angst ist, vertraue ich auf dich.« Was wir in unserer Angst brauchen, ist jemand, der uns zur Seite steht, der den Überblick über unser Leben und alle Lebenssituationen hat. Gott sagt in seinem Wort, dass er uns sogar vor Angst behüten möchte. Wichtig ist, dass wir bei ihm sind, mit ihm reden, in seinem Wort lesen.

Probieren Sie es doch heute einfach mal aus. Sprechen Sie mit Gott über die Situationen, die Ihnen Angst machen, und achten Sie darauf, was er tut.

92

Besser als alle Eltern der Welt

Unsere Nachbarn haben zwei kleine Jungs. Der jüngere ist seinem älteren Bruder natürlich unterlegen, aber er weiß sich zu helfen, indem er laut weint und schreit. Die Eltern reagieren darauf schon ziemlich immun. Es sei denn, eine wahre Not liegt vor oder etwas Ernstes ist passiert. Dann hört sich das Schreien auch ganz anders an.

David schreibt in den Psalmen: »Als mir angst war, rief ich den Herrn an und schrie zu meinem Gott.« Wie bei Kindern, treibt uns die wahre Not zu Gott, und noch besser als irgendwelche irdischen Eltern ist Gott da für uns, um uns zu trösten, uns zu helfen, uns an seine Hand zu nehmen und den Weg zu weisen, den wir gehen können.

Nichts beruhigt so sehr, wie die Nöte des Lebens in Gottes Hände legen zu können. Nicht immer entdeckt man sofort Gottes Fürsorge und Gottes Hilfe. Doch wer vertraut und Gott Glauben schenkt, wird erleben, dass das, was in der Bibel steht, wahr ist: »Denen, die Gott lieben, werden alle Dinge zum Besten dienen.« Auch die schweren Erfahrungen des Lebens.

93

Seien Sie echt und authentisch

»Du musst authentisch sein!« Haben Sie diesen Satz auch schon einmal gehört? Echt sein – was heißt das denn? Echt sein heißt auf jeden Fall, dass ich akzeptiere, was ich nicht bin; dass ich nicht vortäusche, etwas zu sein, was ich in Wirklichkeit gar nicht bin.
In der Bibel steht, dass jedem verschiedene Gaben zugeteilt worden sind. Das heißt auch, dass wir nicht alles können, obwohl wir zu vielem in der Lage sind. Zum Echtsein gehört, die eigenen Grenzen zu akzeptieren. Menschen, die echt sind, sind Menschen, die »Nein« sagen können zu Aufgaben und Herausforderungen, die nicht zu ihrem Lebensbereich gehören.
Menschen, die verunsichert leben, sagen Ja, weil sie den andern zufrieden stellen möchten. Aber sie machen sich und den anderen damit nicht glücklich. Es ist die Unsicherheit, die Angst, Ablehnung zu erfahren, die einen Menschen dazu führt, nicht authentisch, nicht echt zu sein.
Es ist doch wirklich befreiend zu wissen, dass wir nicht die Erwartungen anderer Menschen erfüllen müssen, sondern die Erwartung, die Gott an uns hat. Und seine Erwartungen an uns sind abgestimmt auf das Leben, das er uns gegeben hat – im Blick auf unsere Fähigkeiten, Gaben und auch im Blick auf unsere Kraft. Früher oder später werden wir erkennen, dass wir da, wo wir Gottes Erwartungen erfüllen, auch die Anerkennung und den Respekt von Menschen um uns herum gewinnen, auch wenn wir öfter Nein als Ja sagen müssen.

94

Überlassen Sie der Bitterkeit nicht das Feld

Es gibt viele Dinge, die uns die Lebensfreude rauben. Aber keines ist so destruktiv wie die Bitterkeit. Nichts wiegt schwerer als Bitterkeit. Sie zieht uns nach unten, und das Leben ist nur noch eine Existenz. Überall, wohin wir gehen, nehmen wir dann den unangenehmen Geschmack der Bitterkeit mit.

Bitterkeit zerstört jede neue Beziehung, die Gott in unser Leben hineinbringen möchte. Bitterkeit zerstört uns am Ende, zerstört unsere Gesundheit und verkürzt unser Leben. Aber das, was uns bitter macht, die Ungerechtigkeiten, die wir erfahren haben, können wir an Gott abgeben. Er vergisst nichts. Er ordnet alles, und er schafft Gerechtigkeit. Das wirkt wie eine Befreiung, weil wir nicht mehr selbst versuchen müssen, die negativen Gefühle zu besiegen, sondern jemanden haben, an den wir die Gefühle abgeben können und der die Bitterkeit aus unserem Leben nimmt.

95

Die stärkste Kraft ist die Hoffnung

Eine der stärksten Kräfte in unserem Leben ist die Hoffnung. Hoffnung, das heißt, etwas zu verlangen mit der Erwartung auf Erfüllung. Wer hofft, verbindet damit mehr als nur Wünsche und Träume. Wenn Sie einem Menschen seinen Wohlstand nehmen, dann behindern Sie ihn. Wenn Sie ihm seinen Sinn und sein Ziel wegnehmen, dann erschweren Sie ihm seine Existenz. Aber wenn Sie einem Menschen seine Hoffnung nehmen, dann bringen Sie ihn zum Stillstand. Ein Mensch kann ohne Wohlstand, Reichtum und auch ohne Ziel und Zweck leben, wenigstens für eine Weile. Aber er kann nicht ohne Hoffnung leben.

Menschen, die Gott vertrauen, finden heraus, dass das, was in der Bibel steht, wahr ist, denn in Gott haben wir eine lebendige Hoffnung, eine Hoffnung, die heute trägt und auch in der Zukunft.

96

Ein Zimmermann veränderte die Welt

Sokrates und Aristoteles haben jeweils 40 Jahre gelehrt. Platon sogar 50 Jahre. Jesus aber lehrte nur drei Jahre. Und doch bleibt sein Einfluss größer als der aller großen Philosophen der Antike.
Jesus hat nie ein Bild gemalt, doch die feinsten Maler – Raffael, Michelangelo und Leonardo da Vinci – erhielten ihre Erleuchtung von ihm. Er hat nie ein Gedicht geschrieben, doch die weltberühmtesten Poeten wurden durch ihn inspiriert. Er hat keine Musik geschrieben, und doch haben Haydn, Händel, Beethoven und Bach ihre besten Symphonien und Oratorien zu seiner Ehre geschrieben. Jeder Bereich des Menschen ist bereichert durch diesen einfachen Zimmermann aus Nazareth.
Und sein einzigartiger Beitrag für die Menschheit ist die Errettung der Seele. Kein Philosoph konnte das, keine Kunst, keine Literatur, keine Musik. Nur er kann die versklavenden Ketten der Sünde brechen. Nur er kann das zerbrochene Herz heilen, kann den Schwachen stärken und denen Leben schenken, die geistlich tot sind. Seine Liebe gilt auch Ihnen, gerade an diesem Tag und der in Situation, in der Sie sich momentan befinden.

97

Fangen Sie an, »Danke« zu sagen!

Es gibt einige Worte, die tun einem richtig gut. Sie gehen runter wie Öl und sind Balsam für die Seele. Zum Beispiel die zwei kleinen Worte »Vielen Dank«. Wann haben Sie zum letzten Mal ein Dankeschön gehört?

Nun kann man darüber lamentieren, wie lange es her ist, dass Menschen einen wertgeschätzt haben – sei es nun für die Person, die man ist, oder für das, was man tut. Aber wenn mir bewusst wird, dass Gott mich wertschätzt, dass ich für ihn von Bedeutung bin, dann ist mein Handeln nicht abhängig von dem Dankeschön des anderen, denn ich erkenne, dass ich es für Gott tue und der andere Mensch nur der Nutznießer meines Dienstes für Gott ist.

Und mehr als das: Ich weiß, dass Gott mein Herz und mein Handeln sieht. Und er weiß auch, dass ich anfangen kann, danke zu sagen; danke den Menschen gegenüber, die mir Gutes tun, weil sie Gott nachfolgen und ihm dienen.

In der Bibel steht: »Was immer ihr tut in Worten oder in Werken, das tut alles im Namen des Herrn Jesus, und dankt Gott, dem Vater, durch ihn.«

Ein solch dankbares Leben macht auch froh, und diese Freude wünschen wir Ihnen.

98

... und wer liebt mich?

Vor einiger Zeit lasen wir folgende Definition von Liebe: »Liebe ist ein Gefühl, das du fühlst, wenn über dich ein Gefühl kommt, das du noch nie gefühlt hast.« Unser Verständnis von dem, was Liebe ist, deckt eine große Spannweite ab. Da sagt uns die Werbung, dass Kinder Smarties lieben, dass Autos Shell lieben und dass Menschen sich lieben.

Unsere Sehnsucht und unsere Bedürftigkeit nach Liebe hält uns auf der Suche, auf der Suche nach der wahren Liebe, die eine bedingungslose Annahme einer unvollkommenen Person ist. Diese Liebe hat Gott uns offenbart, indem er seinen Sohn Jesus Christus für uns in diese Welt gesandt hat. Er wurde Mensch und versteht uns deshalb wie kein Zweiter. Er wusste um unsere Schuld und er starb dafür. Er schenkt uns ein neues Leben, wenn wir ihm vertrauen.

Versuchen Sie doch einmal über all dem, was heute unter dem Begriff »Liebe« angeboten wird, Gottes Angebot kennen zu lernen: seine Liebe, die Vergebung, Versöhnung und Gemeinschaft schenkt.

99

Alles Zufall?

Haben Sie einmal darüber nachgedacht, dass unsere Welt nur sehr schwer ein Produkt des Zufalls sein kann? Ist es Zufall, dass wir genau die richtige Entfernung zur Sonne haben, damit auf dieser Erde ein Klima möglich ist, das Leben erlaubt?
Ist es Zufall, dass die Erde sich 365-mal im Jahr dreht, während sie um die Sonne kreist? Stellen Sie sich einmal vor, es wären nur 36-mal. Wir würden verbrennen oder erfrieren.
Ist es Zufall, dass die Luft, der Sauerstoff, genau 21 Prozent unserer Atmosphäre ausmacht? Genau der richtige Prozentsatz. Nicht 50 Prozent und auch nicht 75 Prozent – wäre das der Fall, würden wir beim Zünden des ersten Streichholzes alle geröstet werden. Da, wo ein Plan ist, muss auch ein Planer sein. Die Frage ist: Können wir diesen Planer kennen lernen? Hier lautet die Antwort ganz klar »Ja«, denn er hat sich offenbart in seinem Sohn Jesus Christus. Alles, was Sie über ihn wissen müssen, finden Sie in der Bibel. Gott ist der Schöpfer des Universums. Umso erstaunlicher ist es, dass er sich in unsere kleine Welt begeben hat und zu jedem Einzelnen von uns eine persönliche Beziehung haben möchte.

100

Ich wasche mich nicht

Es gibt eine ganze Reihe Gründe, warum wir manches tun oder auch nicht tun. Das gilt auch für den Besuch einer Gemeinde am Sonntagmorgen. Bevor Sie uns Ihre Gründe nennen, warum Sie vielleicht keinen Gottesdienst besuchen, möchten wir Ihnen erst einmal 10 Gründe nennen, warum man sich nicht waschen sollte.

1. Ich wurde als Kind zum Waschen gezwungen.
2. Menschen, die sich waschen, sind alle Heuchler. Sie meinen, sie wären sauberer als andere.
3. Es gibt so viele verschiedene Arten von Seife. Ich kann mich nicht entscheiden, welche die beste für mich ist.
4. Ich habe mich früher gewaschen, aber es hat mich gelangweilt und ich habe aufgehört damit.
5. Ich wasche mich nur zu ganz besonderen Anlässen wie Ostern und Weihnachten.
6. Keiner meiner Freunde wäscht sich.
7. Ich fange an, mich zu waschen, wenn ich älter und schmutziger werde.
8. Ich habe keine Zeit, mich zu waschen.
9. Das Badezimmer ist im Winter immer zu kalt und im Sommer viel zu heiß.
10. Die Menschen, die die Seife herstellen, sind nur hinter meinem Geld her.

Verstehen Sie, was wir sagen möchten? Wir würden nie auf die Idee kommen, uns nicht zu waschen, denn wir wissen, wie wichtig Hygiene für unser Leben ist. Schade, dass wir oft nicht begreifen, wie wichtig die Informationen sind, die Gott uns aus seinem Wort und der Gemeinschaft mit anderen Christen zukommen lassen möchte. Besuchen Sie doch mal wieder einen Gottesdienst – und das nicht nur zu Ostern oder Weihnachten.

101

Das Leben ist ein Kampf

Das Leben ist manchmal wie ein Kampf. Wer in eine Schlacht zieht, der erlebt drei Phasen, wobei der Kampf selbst vielleicht die einfachste Phase ist. Die wohl schwierigste Phase ist die Zeit vor dem Kampf, da, wo man sich entscheiden muss: Möchte ich kämpfen oder weglaufen? Wie will ich die Sache angehen?

Aber die gefährlichste Phase kommt nach dem Kampf. Das ist dann, wenn alle unsere Kräfte verbraucht und wir nicht mehr auf der Hut sind. Gerade dann müssen wir aufpassen. Es folgen Enttäuschung oder Übermut, gelähmte Reaktionen oder ein verkehrtes Urteilsvermögen.

Erinnern Sie sich an David, den König von Israel? Er hat es vorgezogen, zu Hause zu bleiben und nicht in den Kampf zu ziehen. Vielleicht ruhte er sich auf seinen Lorbeeren vergangener Erfolge aus. Oder er war weich und nachlässig, vielleicht auch arrogant geworden. Und in dieser Situation gab es eine kurze Affäre, die alles veränderte. Sein Frieden war nicht mehr da, sein Charakter war zerstört und auch sein Familienleben. Das können Sie alles noch einmal nachlesen im 2. Buch Samuel in den Kapiteln 11 und 12.

Es ist so einfach, ein Opfer der vergangenen Siege zu werden. Deshalb ist es so wichtig, wenn man hungrig, ärgerlich, einsam und müde ist, aufzupassen, weil man gerade in diesen Lebenssituationen so anfällig ist. Wer sich dann auf seinen alten Erfolgen ausruht, ist oft verlassen.

Gut ist es, dass man sich jeden Tag – ob man nun hungrig, ärgerlich, alleine oder müde ist – Gott zuwenden kann. Er möchte uns die Kraft geben, uns auch den neuen Kämpfen des Lebens erfolgreich zu stellen.

102

Reden und schweigen

Wie schnell kommt ein unbedachtes Wort über unsere Lippen – ein Wort, das uns und anderen Schaden zufügt. David, König von Israel, schreibt in einem seiner Psalmen: »Ich will meinem Mund einen Zaum anlegen.« Was für ein schönes Bild dafür, dass man sein Reden in den Griff bekommt.

Will Norris, ein amerikanischer Journalist, hat einmal gesagt: »Wer seine Worte im Griff behalten möchte, sollte auf 5 Dinge achten: Zu wem du sprichst, über wen du sprichst, und wie und wann und wo.« Und ein alter Grieche sagte einmal: »Ich habe oft das, was ich in meinen Vorträgen gesagt habe, bereut, aber niemals mein Schweigen.«

Die praktische Frage ist natürlich: Wie lege ich meiner Zunge einen Zaum an?

Vielleicht zwei Schritte dazu:

Der erste: Zuerst nachdenken. Bevor ich rede, kann ich ruhig eine Pause von 10 Sekunden einlegen, meine Worte noch einmal überdenken. Sage ich es genau oder übertreibe ich? Sind meine Worte gütig oder schneidend? Sind sie notwendig oder überflüssig? Sind sie von Dankbarkeit oder vom Klagen bestimmt? Vielleicht hilft es, auch daran zu denken, dass man das, was man nicht gesagt hat, auch nicht zu erklären braucht.

Der zweite ist, dass man einfach weniger spricht. Damit meinen wir nicht, dass man überhaupt nicht mehr redet, sondern dass man da, wo man in einen Gesprächsfluss hineingezogen wird, wo eins zum

anderen führt, wo man schnell die Kontrolle über das, was man sagt, verliert, eine Pause einlegt und noch nachdenkt: Will ich hier reden – was will ich reden – wie will ich reden?
Jemand, der seinem Mund einen Zaum angelegt hat, ist nicht der große Schweiger, sondern der, der segnend redet. Es lohnt sich, mal darüber nachzudenken.

103

Die Brücke zum Leben

Sünde und Schuld sind in unserer heutigen Zeit Worte, die verschieden verstanden und angewandt werden. Manches wird bagatellisiert, anderes übertrieben. Und doch: an der Realität von Sünde und Schuld kommt der Mensch nicht vorbei. Denn Sünde und Schuld bringen die Menschen auseinander, und jeder läuft dann seinen eigenen Weg.

Aber Sünde und Schuld trennen den Menschen auch von Gott. Und wenn das so bleiben würde, wäre der Mensch auf ewig verloren. Aber wir brauchen nicht in dieser Gottesferne zu bleiben. Es ist einer von Gottes Seite gekommen, der uns die Möglichkeit gibt, den alten Streit zwischen Gott und den Menschen zu beenden.

Jesus Christus ist gekommen, um eine große Brücke zu sein, die uns die Möglichkeit gibt, aus unserer Verstrickung von Sünde und Schuld hinüberzugelangen in die Gemeinschaft mit Gott. Und das passiert nicht erst in der Ewigkeit. Jesus bietet sich heute und jetzt als ein Weg an, den Sie gehen können. Er sagt: »Ich bin der Weg, die Wahrheit und das Leben. Niemand kommt zum Vater, als allein durch mich.«

Sie fragen: »Wann wurde Jesus denn diese Brücke?« Als er am Kreuz von Golgatha starb, da wurde sein Kreuz die Brücke zu Gott. Dass diese Brücke hält, das erfahren Sie da, wo Sie Jesus Christus Ihr Leben mit aller Sünde und Schuld anvertrauen. Und er schenkt Ihnen ein neues Leben in der Gemeinschaft mit Gott.

104

Wo Sehnsucht gestillt wird

Viele Menschen können mit Gott zu wenig anfangen. Er scheint ihnen so unendlich weit entfernt. Und doch ist in ihrem Herzen eine Sehnsucht nach einer Gemeinschaft, nach einer Beziehung zu Gott.

Auch in Gottes Herzen ist diese Sehnsucht. Ja, sein Sohn Jesus Christus möchte, dass wir ihn besser kennen lernen. Wenn Sie einen Freund besser kennen lernen wollen, müssen Sie öfter bei ihm sein, mit ihm reden und auf ihn hören. Wir lernen Jesus kennen, indem wir uns aus der Hetze und dem Betrieb zurückziehen und die Stille aufsuchen.

Mancher kann das schon gar nicht mehr oder hat Angst vor der Stille. Aber machen Sie es doch einmal ganz ernsthaft. Reden Sie mit Jesus über alles, was in Ihrem Leben schief gegangen ist. Hören Sie auf, auf andere zu schimpfen, und bekennen Sie Ihre Schuld dem Herrn Jesus Christus. Lesen Sie dann in der Bibel: »Der dir alle deine Sünden vergibt und heilt alle deine Gebrechen.« Das ist es, was Gott in unserem Leben tun möchte. Er vergibt wirklich alle Schuld und bringt unser Leben in geordnete Bahnen.

105

Von der Torheit zur Gotteskraft

Es ist schon ein Kreuz mit dem Kreuz. So manche Wand ziert es, oder es hängt als Schmuck in Gold, Silber oder Holz den Menschen um den Hals. Und in den Schulen ist es nicht erwünscht. Vielleicht erinnern Sie sich noch an das Kruzifix-Urteil. Es ist inzwischen ja ruhig darum geworden. Eigentlich schade! Die öffentliche Diskussion gab Anlass zum Nachdenken. Und das nicht nur über den Ort, wo das Kreuz hängen darf oder nicht, sondern auch über die Botschaft des Kreuzes.

Die Botschaft vom Kreuz hat sich noch nie besonderer Beliebtheit erfreut. Schon der Apostel Paulus schrieb an die Christen in Korinth: »Denn das Wort vom Kreuz ist eine Torheit denen, die verloren gehen, uns aber, die wir gerettet werden, ist es eine Gotteskraft« (1. Korinther 1, 18).

Im Wort vom Kreuz liegt das Geheimnis von der Gerechtigkeit und der Liebe Gottes verborgen. Für viele ist es eine Torheit. Natürlich, denn wer kann sich schon einen allmächtigen Gott vorstellen, der sich selbst opfert?

Die Griechen der Antike lehnten die Botschaft vom Kreuz ab, weil sie glaubten, die Götter hätten keine Gefühle und von daher auch kein Mitgefühl. Warum also sollte sich ein Gott in die Angelegenheiten der Menschen einmischen?

Dieses Bild vom teilnahmslosen Gott, der irgendwo als alter Mann dem Lauf der Dinge zuschaut, ist immer noch das Gottesbild vieler Menschen. Und doch verwandelt sich dieses Wort vom Kreuz von einer Botschaft der Torheit zu einer Gotteskraft: Jeder Mensch, der erkennt, dass Jesus dort für unsere Schuld gestorben ist, wird diese Kraft in seinem Leben spüren. Jeden Tag neu.

106

Wir wünschen Ihnen Zeit

Haben Sie auch manchmal das Gefühl, »gelebt« zu werden? Fühlen Sie sich oft getrieben und gejagt? Irgendwie kommt eins zum anderen: Termine und Verpflichtungen werden zum Sklaventreiber, und bald darauf nehmen die Lebensumstände Sie so sehr in Anspruch, dass Sie keine Ruhe und keinen Freiraum mehr finden. Ihr Non-Stop-Leben gleicht einem rollenden Zug, der immer schneller fährt und immer seltener anhält. Sie möchten aussteigen – aber wie?

Keinen Freiraum zu haben, scheint ein modernes Phänomen zu sein, und chronischer Zeitmangel gehört zu den Krankheiten der heutigen Zeit.

Ob Büro oder Haushalt, Vorträge und Sitzungen, Termine für Gemeinde, Hauskreis und Fitnessclub oder bloß die Klavierstunden des Jüngsten – sie alle halten uns auf Trab! Der Dauerstress macht auch vor unserem Privatleben nicht Halt. Der technische Fortschritt hat uns nicht ausschließlich Komfort, Bequemlichkeiten und vermehrte Unterhaltungsmöglichkeiten geschenkt – er hat auch »Zeitdiebe« der ganz besonderen Art zu unseren Gesellen gemacht.

Eine Studie besagt, dass der Durchschnittsmensch einer westlichen Gesellschaft in seinem Leben rund

- 6 Monate an einer roten Ampel verbringt,
- 1 Jahr lang verlegte Sachen sucht (man hat ja so viele Dinge gesammelt!),

– 2 Jahre Telefonate führt, wo entweder besetzt ist oder niemand abhebt,
– 5 Jahre in Warteschlangen steht,
– und 3 Jahre an diversen Sitzungen teilnimmt.

Da scheint unser Wunsch vielleicht wie aus dem Wolkenkuckucksheim zu sein: Wir wünschen Ihnen Zeit! Zeit fürs Wesentliche. Gott wird Ihnen begegnen, wenn Sie sich Zeit für ihn nehmen.

107

Finden Sie die richtige Einstellung zur Arbeit

Es ist doch merkwürdig: Statistisch gesehen sind es die Kulturen mit dem höchsten Fortschritt, die am wenigsten Zeit und Freiraum haben. Und der Preis, den wir zahlen, ist hoch. Mangelnde Zeit und der daraus entstehende Stress durch fehlende Auszeiten haben nicht zuletzt viele Probleme unserer modernen Gesellschaft erst heraufbeschworen. Unser ewiges Jagen nach mehr hat uns außer Atem gehetzt, uns den Spielraum genommen, den wir zum emotionalen, seelischen und körperlichen Überleben so dringend brauchen.

Gewiss, es gibt kein schmerz- und stressfreies Leben! Unser Alltag besteht aus Arbeit, und manchmal müssen wir auch bereit sein, Leid und Spannungen zu tragen. Arbeit und Stress im richtigen Maß sind sogar notwendig und von Gott gewollt. Beschäftigungen, die unsere Zeit kosten, kamen nicht erst mit dem Sündenfall in unser Leben. Schon Adam und Eva hatte Gott im Paradies mit sinnerfüllenden Aufgaben betraut (1. Mose 2, 15). Und für Christen gilt ein verantwortungsvoller Einsatz im Besonderen: »Durch Jesus Christus hat Gott uns so geschaffen, dass wir nun Gutes tun können. Er hat sogar im Voraus unsere guten Taten geschaffen, damit sie nun in unserem Leben Wirklichkeit werden« (Epheser 2, 10). Überlegen Sie mal, wem Sie in nächster Zeit etwas Gutes tun können, und lassen Sie diesen guten Gedanken Taten folgen.

108

Schaffen Sie sich Freiräume!

Sich Freiräume zu schaffen und den Koffer nur mit dem Wichtigsten zu füllen, lernen wir am besten in der Gegenwart Gottes. Er möchte nicht, dass wir Getriebene der Zeit, sondern Berufene und »Getriebene aus Liebe« sind. Er wartet darauf, uns zu beschenken und dass wir die uns anvertraute Zeit aus seiner Sicht einteilen und ausschöpfen lernen. »Meine Zeit steht in deinen Händen«, sagt der Psalmist. Können Sie dem aus vollem Herzen zustimmen: »Herr, auch meine Termine und Verpflichtungen, auch meine (Frei-)Zeit – das alles steht in deinen Händen«?

Wenn wir auf Dauer Menschen sein wollen, die ausgeglichen sind, Zufriedenheit und Geborgenheit empfinden, täglich genügend Kraft für die Aufgaben in Heim, Firma, Mission und für die Menschen um uns herum haben wollen, gibt es nur einen Weg: Zeit mit Gott zu verbringen (und zwar qualitative und nicht nur die, die abends übrig bleibt)! Er möchte uns in diesen ruhigen Minuten versorgen, erfrischen, uns Lösungen für unsere Probleme aufzeigen, neue Perspektiven schenken und uns mit seinen Aufgaben betrauen.

Stellen Sie sich folgendes Bild vor: Die Jünger sitzen mit ihren Zeitplan-Büchern vor Jesus. Stellen Sie sich das vor! Jesus ruft die Zwölf zusammen, um sie auszusenden und die Gefangenen zu befreien, die Kranken zu heilen und die Gute Nachricht weiterzusagen. Petrus meldet sich als Erster zu Wort: »Du kannst auf mich zählen! Solange ich weiß, dass ich übermorgen an dem jährlichen

Bootstreffen teilnehmen kann, gehöre ich ganz dir!« Thaddäus ist der Nächste: »Du meine Güte, ich habe einen Zahnarzttermin morgen Nachmittag um vier, und am Mittwochabend Aerobic im Fitness-Club am Bootssteg. Aber, hey, Donnerstag von zwei bis vier – da habe ich ein bisschen Luft. Soll ich dich da eintragen?« Und während sie sich Gedanken über das Fußballtraining von Bartholomäus' Kindern, das Verkaufsleiter-Treffen von Phillipus am nächsten Morgen und den Wochenend-Segeltörn von Jakobus machen, wird die Missionierung der Welt einfach auf einen späteren Zeitpunkt verschoben.

Zeit mit Gott lässt uns zur Ruhe kommen, weil wir begreifen, dass nicht die Zeiger einer Uhr oder die Umstände, sondern er unser Leben dirigiert: »Seid stille und erkennt, dass ich Gott bin« (Psalm 46, 11)!

109

So werden Sie zu Gottes Edelsteinen

Wissen Sie, was Gott über Menschen sagt, die sich für ihn Zeit nehmen, die sich von ihm beraten und pflegen lassen? »Wie funkelnde Edelsteine werden sie das Land zieren« (Sacharja 9, 16). Werden Edelsteine aber nicht regelmäßig gepflegt und gereinigt, verlieren sie ihren Schliff, ihren Glanz und ihre Ausstrahlung.
Auch wir können alles Mögliche versuchen, unseren Lebensrhythmus zu kontrollieren, aber ohne die regelmäßige Zeit mit Gott zerrinnen uns unsere Stunden wie Sand durch die Finger. Am falschen Ende gespart, büßen auch wir unseren »Schliff« ein und verpassen die Chance für ein maßgeschneidertes Leben ohne Hast auf der richtigen Lebensstraße.

10 Tipps, wie Sie sich mehr Freiraum schaffen:

1. *Das Unerwartete erwarten.* Fast alles nimmt mehr Zeit in Anspruch, als wir geplant haben. Wenn wir z. B. immer zu spät kommen, sollten wir versuchen, unseren Aufgaben 20 Prozent mehr Zeit zuzurechnen.
2. *»Nein« sagen lernen.* »Nein« zu sagen, ist nicht nur eine gute Idee – es ist eine Notwendigkeit. Wenn es 100 gute Dinge zu tun gibt, ich aber nur Zeit für zehn habe, muss ich 90-mal »Nein« sagen.
3. *Aktivitäten beschneiden.* Unsere Aktivitäten und Verpflichtungen wachsen ständig und ufern irgendwann aus. Es ist allgemein schwieriger, etwas aufzuhören als es anzufangen. Und

doch müssen wir von Zeit zu Zeit unsere Beschäftigungen beschneiden wie einen Strauch oder Baum.

4. *Einfachheit üben.* Wir besitzen und kaufen viele Dinge, die wir nicht brauchen. Das raubt Zeit. Überflüssige Beschäftigungen und Besitztümer sind Zeitdiebe. Was brauchen Sie wirklich?
5. *Genießen von Vergangenem.* Lassen Sie Freiräume zwischen Ihren Aktivitäten! Denken Sie in Ruhe über Erlebtes nach!
6. *Zeit für Entscheidungen.* Einblick, Durchblick, Erkenntnis – all das wächst nicht über Nacht. Selten sind sie das Produkt einer schnellen Überlegung oder Tat. Je wichtiger eine Entscheidung, desto langsamer sollten Sie sie treffen.
7. *Zeit zum Zuhören.* Wenn wir überlastet sind, werden wir müde. Müdigkeit aber macht gleichgültig. Nehmen Sie sich Zeit, anderen und Gott wirklich zuzuhören!
8. *Lernen Sie warten!* Stellen Sie sich z. B. an der längsten Schlange vor der Supermarkt-Kasse an. Das empfehlen übrigens auch Herzspezialisten – und Sie üben sich in Geduld!
9. *Freiraum für sich selbst!* Warum? Damit Sie Ihr Leben begutachten und bewerten können. Damit Sie Bilanz ziehen können und sich in Zukunft auf das Wesentliche konzentrieren.
10. *Freiraum für Gott schaffen!* Erst in der Gegenwart dessen, der Ihr Leben und Ihre Zeit in seinen Händen hält, bekommen Sie die richtige Lebensperspektive. Hier können Sie auftanken, sich ausruhen, abladen und von Gott selbst lernen. »Kommt her zu mir, alle, die ihr mühselig und beladen seid, ich will euch erquicken! Nehmt auf euch mein Joch und lernt von mir, denn ich bin sanftmütig und von Herzen demütig; so werdet ihr Ruhe finden für eure Seelen« (Matthäus 11, 28 + 29).

110

Lassen Sie sich befreien!

Kein Mensch ist gerne ein Gefangener. Auch nicht ein Gefangener irgendwelcher Laster und schlechten Gewohnheiten. Aber manchmal ist es wirklich so schwer, aus dem alten Trott herauszukommen. Doch es gibt jemanden, der uns dabei helfen möchte. Lernen Sie doch Jesus kennen und auch die Befreiung, die er schenkt. Aber das geht nur, wenn Sie es wirklich wollen. Da reicht nicht nur ein frommer Wunsch, sondern das tiefe Herzensverlangen nach Veränderung und Erneuerung.

Jesus Christus selbst hat gesagt: »Wen der Sohn frei macht, der ist recht frei« (Johannes 8, 36). Nur diese Freiheit finden Sie erst, wenn Sie sich ganz fest an ihn binden. Diese Vorstellung ist für uns vielleicht wie ein Widerspruch. Frei sein, wenn ich mich an etwas festmache?

Nur da, wo wir begreifen, dass wir von Gott, für Gott und zu ihm hin erschaffen sind, erkennen wir auch, dass in der Gemeinschaft mit ihm, in dem Vertrauen ihm gegenüber, die einzig wahre und froh machende Freiheit liegt. Deshalb: Lassen Sie sich befreien.

111

Worte des Friedens helfen weiter

Man kann schon traurig werden, wenn man von all dem Streit und Zank hört, den es in so vielen Familien in unserer heutigen Zeit gibt. Nur – was kann man dagegen tun, wenn es in den Beziehungskisten so kracht?

Eine Familie ist nur so gut, wie die Zungen der Menschen es zulassen. Achten wir doch einmal auf unsere Zunge. Was reden wir alles an einem Tag? Gutes und Böses! Und dann achten wir einmal auf die Folgen. Ein gutes Wort zur rechten Zeit stiftet Frieden. Ein böses Wort aber löst immer wieder neue böse Worte aus.

Gott sagt in der Bibel über unsere Zunge, dass sie so ist, wie ein kleines Feuer, das einen ganzen Wald anzünden kann (Jakobus 3, 5). Solch ein Feuer zerstört und vernichtet. Unsere Zunge kann aber auch ein Werkzeug Gottes sein, wenn unsere Herzen von Gott bestimmt werden. Und das ist der Weg, wie in den zwischenmenschlichen Beziehungen Frieden einziehen kann.

Bitten Sie Gott, dass er Ihnen Worte des Friedens schenkt, und er wird es ganz gewiss tun.

112

Das lohnt sich wirklich

In den Sommermonaten kann man abends beobachten, wie Insekten draußen immer wieder zum Licht einer Kerze hingezogen werden. Das Licht zieht sie an, aber die Hitze der Flamme treibt sie wieder weg. Und doch ist das Licht so anziehend, dass sie es immer wieder versuchen, bis sie am Ende daran zugrunde gehen.

Ähnlich ist es auch mit den Menschen, die zu Dingen hingezogen werden, die ihr Leben letztendlich zerstören. Das Traurige ist, dass diese Dinge oft unwahrscheinlich attraktiv und anziehend sind. Oft schaffen sie sogar eine momentane Zufriedenheit. Und doch führen sie dazu, dass wir uns selbst zerstören. Jesus fragte einmal: »Was hat denn der Mensch, wenn er die ganze Welt gewinnt und doch Schaden nimmt an seiner Seele?« (Lukas 9, 25). Entscheidend ist doch, dass ich das tue, was in Gottes Augen wichtig ist. Und um herauszufinden, was hier wirklich zählt, muss ich Gottes Wort, die Bibel, aufschlagen. Und wer mit offenem Herzen in Gottes Wort liest und Gott fragt, was er tun soll, der erhält gewiss eine Antwort. Eine Antwort für ein Leben, das sich wirklich lohnt.

113

Eifersucht und Liebe

Mit eifersüchtigen Menschen lässt es sich nicht gut zusammenleben. Dabei hat Eifersucht sogar etwas mit Liebe zu tun, denn Eifersucht entsteht da, wo ich etwas zu sehr liebe. Hier wird auf einmal diese Liebe besitzergreifend, und sie verliert ihr wahres Wesen. Am Ende verdreht sich diese Liebe sogar zum Hass.
Neben der Eifersucht kommt auch der Neid, und irgendwie gehören die beiden zueinander. Denn Neid beginnt mit leeren Händen und sehnt sich danach, etwas haben zu wollen, Eifersucht hat volle Hände und kann nicht halten, was es gerne behalten möchte.
Da, wo ich in der Gefahr stehe, dass Neid und Eifersucht mein Leben bestimmen, darf ich Gott bitten, dass er mein Herz mit seiner Liebe erfüllt. Diese Liebe weiß, was es heißt zu teilen, und diese Liebe gönnt dem anderen alles. Denn wer diese Liebe im Herzen hat, hat alles, was er braucht.

114

Persönlichkeit und Amt

Es ist eine weise Erkenntnis, wenn wir begreifen, dass die Werte unseres Lebens sich in unserer Person verankern müssen und nicht in unseren Aufgaben. Denn wenn das Leben sich verändert, die Aufgaben abnehmen und dann meine Persönlichkeit keinen Halt hat, fühle ich mich wertlos.

Der Mensch ist daran gewöhnt, sich über das, was er tut, zu definieren. Aber das Entscheidende ist doch, wer er ist. Wenn ich begreife, dass ich von Gott geliebt bin, von ihm angenommen, dass ich durch ihn ewiges Leben habe, die Vergebung meiner Sünde und Schuld, dann wird das mein Handeln und meine Aufgaben ganz bestimmt beeinflussen. Ich werde anders an diese Aufgaben herangehen. Vermutlich werde ich meine Aufgaben sogar besser erledigen. Aber mein Halt liegt dann nicht in der guten Arbeit, die ich tue, sondern in dem guten Herrn, den ich kenne und der mein Leben führt und leitet.

Wer so seinen Halt in Gott hat, der merkt auch, dass die Veränderungen des Lebens unser Umfeld verändern können, aber nicht unser Herz. Wir wünschen Ihnen ein beständiges Herz.

115

Jesus geht uns nach

Jesus und seine Jünger wurden einmal gefragt, warum sie denn mit Zöllnern und Sündern zusammensitzen und mit ihnen essen. Zöllner und Sünder waren keine beliebte Gruppe im jüdischen Volk. Ganz besonders nicht die Zöllner, die ja das Volk ausbeuteten. Solche Leute sind auch heute noch nicht beliebt.

Warum gibt Jesus sich mit diesen Menschen ab? Ganz einfach: aus Liebe. Jesus hat immer alles getan, um den Menschen nachzugehen, die auf verkehrten Wegen waren. So lief er 50 Kilometer, um die Frau am Jakobsbrunnen zu treffen, und es war kein Problem für ihn, die gesellschaftlichen Tabus zu durchbrechen. Nicht nur, dass er eine Frau ansprach – das war damals absolut unüblich, dass ein Mann mit einer Frau sprach –, dazu noch eine Frau, die fünfmal geschieden war, und er war ein religiöser Führer. Er tat es aus Liebe, um der Frau zu zeigen, wo das wahre Lebenswasser ist (Johannes 4).

Mit dieser Liebe geht Jesus Christus auch heute noch Menschen nach. Er begegnet ihnen gerade in ihrer Not. Vergebung von Sünde und Schuld, die Reinigung der Beziehung zu Gott und zu anderen Menschen, das bietet Jesus an. Dabei ist es ihm völlig egal, was andere über uns denken. Jesus nimmt uns an, weil er uns liebt.

116

Schwimmen lernen und Beziehungen bauen

Hier bin ich. Ein Mensch unter Milliarden von Menschen. Darunter gibt es Menschen, die mehr können, haben und sind als ich, und Menschen, die weniger haben, können und sind.
Wer bin ich schon? Ein von Gott gewollter Mensch. Ein von Gott geliebter Mensch. Aber dieses Wissen hilft nicht viel – es sei denn, ich habe eine solche Beziehung zu diesem Gott, dass ich ihm vertraue. Beziehungen aufbauen ist ja ähnlich wie schwimmen lernen. Man kann es nie auf trockenem Land, sondern man muss ins Wasser. Ob eine Beziehung trägt, erlebe ich erst, wenn ich dem anderen vertraue.
Menschen, die Gott vertrauen, erleben nicht unbedingt, dass all ihre Probleme verschwinden. Im Gegenteil – es kann sein, dass noch mehr Probleme entstehen. Aber sie erfahren, und das mit ganzer Gewissheit, dass sie in allen Lebenslagen getragen sind. Sie teilen dann die Erfahrung, die der König David machte: »Der Herr ist mein Hirte, mir wird nichts fehlen. Er weidet mich auf saftigen Wiesen und führt mich zu frischen Quellen. Er gibt mir neue Kraft. Er leitet mich auf sicheren Wegen, weil er der gute Hirte ist.«

117

Erkennen Sie die Macht der Gedanken

Ist Ihnen schon einmal bewusst geworden, welche Macht Gedanken in unserem Leben entwickeln können? Selbst der klarste und rationalste Denker kann sich in seinen Gedanken verstricken. Und doch gibt es Gedanken, die uns frei und froh machen.

In der Bibel steht, dass Gott sagt, dass seine Gedanken nicht wie unsere Gedanken sind. Es tut uns gut, wenn wir uns im Leben an Gottes Gedanken orientieren. Diese Gedanken finden wir in seinem Wort, der Bibel. Menschen, die nicht so denken, sagen: »Gott tut doch nichts in dieser Welt, so muss ich etwas tun.« Dieses Denken ist geprägt von Angst und auch von Stolz.

Manch einer denkt: »Dieser Schmerz wird nie aufhören, bis die anderen sich bei mir entschuldigen.« Und wenn die es niemals tun? Vergebung ist immer der Schlüssel zur Heilung, und er fängt bei einem selbst an.

Manch einer denkt: »Das ist ein Charakterzug meiner Familie. Das habe ich geerbt.« Auch das ist ein Gedanke, der nicht von Gott kommen kann, denn in der Bibel steht es anders: »Ist jemand in Christus, so ist er eine neue Kreatur. Das Alte ist vergangen, etwas Neues ist geworden.«

Wir können nicht aufhören zu denken, aber wir können lernen, das Richtige zu denken. Und das fängt an, wenn wir uns mit den Gedanken auseinander setzen, die das Leben beinhalten. Und die finden wir in Gottes Wort, der Bibel.

118

Befiehl dem Herrn deine Wege

Vielleicht kennen Sie auch die Momente, wo man bis zum Hals im Dreck steckt, nicht weiß, wie es weitergehen soll, und sich fragt: »Was soll das Ganze? Wo ist Gott? Warum hilft er mir nicht?«
Es ist schwer, in solchen Situationen darauf zu vertrauen, dass Gott noch alles in der Hand hält. Aber genau das ist der Fall. Im Alten Testament (5. Mose 27) lesen wir von Mose. Er hat 40 Jahre in der Wüste verbracht – eine besondere Art der Schule. Aber sie hat ihn zugerüstet, um ein großer Leiter seines Volkes zu werden.
Oder Josef. Verkauft, verraten, unschuldig ins Gefängnis geworfen – und doch war dies eine Schule, die ihn zum zweitmächtigsten Mann Ägyptens machte.
Im Leben dauert es manchmal sehr, sehr lange, bis das Fundament gelegt ist. Aber wenn Gott das Fundament legt, dann baut er darauf auch etwas auf, das ihm Ehre bringt und uns als Menschen froh und zufrieden macht.
In der Bibel steht: »Befiehl dem Herrn deine Wege und vertraue auf ihn. Er wird es wohl ausrichten« (Psalm 37, 5).

119

Das andere Gefängnis

Normalerweise hat ein Gefängnis hohe Mauern, Fenster, die vergittert sind, und Türen, die man alleine nicht öffnen kann. Aber es gibt auch ein anderes Gefängnis, das nicht sichtbar ist, uns aber genauso gefangen hält. Es ist das Gefängnis unseres Herzens, und die Wächter haben die Namen Schuld und Selbstmitleid.

Das einzig Gute an diesem Gefängnis ist, dass man den Schlüssel, um dort herauszukommen, selber in der Hand hält. Er lautet: Vergebung, Versöhnung und Verantwortung. Da, wo ich mir vergebe und anderen vergebe, da, wo ich Beziehungen – so weit es mir möglich ist – durch Versöhnung heile und die Verantwortung für mein Leben übernehme, bin ich frei. Frei nicht für mich, sondern frei, Gott zu dienen, denn so sagt es sein Wort: »Er hat uns errettet zu dienen dem lebendigen Gott.«

120

Eine ganz besondere Predigt

Ein Hippie, so wie er im Buche steht, betritt eine Kirchengemeinde. Der Gottesdienst ist gut besucht. Er findet keinen Platz, und so geht er nach vorne und setzt sich auf den Boden, direkt unter die Kanzel. Der Pastor ist irritiert in der Predigt, die Gemeinde ist in heller Aufruhr. Dann steht ein älterer Mann auf, geht mit einem Stock in der Hand nach vorne, legt den Stock zur Seite und setzt sich neben diesen jungen Mann.

Der Pastor, der aufgehört hatte zu predigen, sagt nur: »Was ich heute predigen werde, das werden die meisten von Ihnen vergessen. Was Sie heute gesehen haben, das werden Sie nie vergessen.«

In der Bibel steht, dass Menschen, die mit Jesus leben, ein Brief Christi sind, und sie werden an ihrem Leben und ihren Taten erkannt und gelesen.

121

Verändern Sie sich

Ein schlauer Mann hat einmal gesagt: »Es erfordert oft mehr Mut, seine Ansicht zu ändern, als an ihr festzuhalten.« Wie wahr. Einsicht ist der erste Schritt zur Besserung, aber es verlangt doch einen großen Mut, sich seinen Fehlern zu stellen. Doch wer das tut, der hat die große Chance, den gleichen Fehler nicht noch einmal zu machen.

Der Psalmschreiber David hat dies auch erfahren, und er schreibt: »Ich bekannte dir meine Sünde und verbarg meine Schuld nicht. Ich sprach: Ich will dem Herrn meine Übertretung bekennen. Da vergabst du mir meine Sündenschuld« (Psalm 32, 5). Und am Ende dieses Psalms schreibt er: »Freut euch an dem Herrn und seid fröhlich, ihr Gerechten, und jubelt alle, die ihr aufrichtigen Herzens seid.«

Veränderung beginnt immer zuerst im Verhältnis zu Gott, dann zum Nächsten und an uns selbst.

122

Schauen Sie öfter mal in den Spiegel

Ein chinesisches Sprichwort sagt: »Bevor du dich daran machst, die Welt zu verbessern, gehe dreimal durch dein eigenes Haus.«
Ist Ihnen schon einmal aufgefallen, wie einfach es ist, den anderen zu sagen, was sie alles tun und lassen sollten, damit es ihnen besser geht? Viel schwieriger ist es, das, was man sich selber sagt, auch zu hören und umzusetzen.
Die Bibel, Gottes Wort, ist wie ein Spiegel, den Gott uns jeden Tag vor Augen halten möchte. Wenn wir darin lesen, erkennen wir die Dinge, die entscheidend sind und die verändert und verbessert werden sollen. Und das fängt erst bei uns an, in unserem Herzen, in unserem Leben. Und dann zieht dieses neue Leben Kreise.
Lesen Sie doch einfach mal in Gottes Wort, der Bibel, und tun Sie das, was Gott Ihnen ganz persönlich zeigt. Und Sie werden erleben – er verändert nicht nur Sie, sondern auch die Menschen, die Sie durch Ihr Leben berühren.

123

Kleiner Finger – ganze Hand?!

Sicher kennen Sie das Sprichwort: »Wenn man einem den kleinen Finger gibt, so nimmt er die ganze Hand.« Simon Petrus, ein Fischer am See Genezareth, hat so etwas Ähnliches erlebt, als er mit Jesus in Kontakt kam. Zuerst wollte Jesus von dem Fischer nur das Boot geliehen haben, um es als eine Art Predigtkanzel zu benutzen. Simon war offenbar beeindruckt von dem, was er von Jesus hörte. Darum ließ er sich auch auf die seltsame Aufforderung zum Fischen ein; und am Ende war er von Jesus so überwältigt, dass er sich ihm zu Füßen warf und einer seiner Nachfolger wurde.

Es ist einfach interessant, dass sich ein Leben verändert, wenn Menschen Jesus persönlich kennen lernen – das heißt heute, einmal selber die Bibel zur Hand zu nehmen und zu lesen, was dieser Jesus wirklich gesagt hat.

Wenn Menschen erst einmal anfangen, auf Christus zu hören, werden sie von seiner Macht und Güte beeindruckt und für ihn gewonnen.

124

Fahrt ins Blaue

Eine Fahrt ins Blaue ist eigentlich eine ganz nette Angelegenheit. Irgendwie wird schon irgendetwas werden. Aber sein Leben so aufzufassen – nein. Das Leben muss schon ein Ziel haben, und wer ohne Ziel lebt, der lebt auch ziellos.
Die Frage ist dabei natürlich: Welches ist das richtige Ziel? Gewiss lohnt es sich nicht, mit viel Mühe die Lebensleiter hochzuklettern, nur um am Ende des Lebens festzustellen, dass diese Leiter an der verkehrten Wand angelehnt war.
Jesus Christus hat den Menschen, die auf ihn gehört haben, Folgendes gesagt: »Trachtet zuerst nach dem Reich Gottes, und alles andere wird euch zugetan« (Matthäus 6, 33).
Wir möchten Sie einladen, die Prioritäten Ihres Lebens einmal zu überdenken und auch den Mut zu fassen, neue Prioritäten zu setzen. Eins ist dabei sicher: Wenn Sie Ihre Prioritäten nach Gottes Wort ausrichten, wird er Sie segnen.

125

Der Maßstab fürs Christsein

»Und das will ein Christ sein?« Sie haben diesen Ausruf gewiss schon gehört. Vielleicht haben Sie selbst einmal so geredet, wenn Sie mit dem Handeln eines Menschen nicht einverstanden waren. Dabei haben wir ja ganz gewisse Vorstellungen, wie ein Christ sich zu verhalten hat, aber wissen Sie überhaupt, was ein Christ ist und wer ein Christ ist?
Die ersten Menschen, die Christen genannt wurden, das kann man in der Apostelgeschichte im Neuen Testament nachlesen, waren Menschen in Antiochia (Apostelgeschichte 11, 26). Sie wurden Christen genannt, weil sie Christus folgten, das heißt, sie vertrauten auf Jesus Christus, auf den, der er war: der Sohn Gottes. Sie vertrauten seinem Werk, dass er für sie gestorben war am Kreuz von Golgatha. Sie vertrauten darauf so sehr, dass sie auch bereit waren, dafür ihr Leben zu lassen. Und sie vertrauten seinem Wort, das für sie Maßstab des Handelns war.
Wie christlich nun ein Mensch handelt, ist nicht gemessen an unseren Maßstäben, sondern an dem, was in der Bibel steht. Vor diesem Hintergrund steht unser Verhalten in einem ganz anderen Licht da.

126

Lassen Sie die Angst nicht zu mächtig werden

Wie glaubwürdig sind Ihnen Menschen, die behaupten: Ich kenne keine Angst? Wer ehrlich ist, weiß, dass Angst zum Leben gehört, ja, eine gewisse Angst ist auch wie ein Sicherheitsventil in unserem Leben, das uns davor bewahrt, uns in gefährliche Situationen zu begeben.

Angst kann uns aber auch lähmen. Sie kann eine solche Kontrolle über unser Leben gewinnen, dass wir nicht mehr handlungsfähig sind. Im Alten Testament heißt es im Psalm 32: »Du wirst mich vor Angst gar behüten.«

Gott kann den Menschen von der Macht der Angst befreien, wenn er mit seiner Macht Platz findet in dem Leben der Menschen, die ihm vertrauen. Wer sein Leben bewusst Gott und seiner Kraft öffnet, erfährt nicht nur einen neuen Sinn des Lebens – er lernt auch eine neue Dimension des Lebens kennen, das aus der Gemeinschaft mit Gott kommt.

127

Liebet eure Feinde

Wer kennt sie nicht, die Menschen, die einem verkehrt kommen; diejenigen, die einem nicht sympathisch sind. Vielleicht haben auch Sie einige Menschen in Ihrem Bekanntenkreis, mit denen Sie gar nicht auskommen, und die Frage bleibt zu beantworten: Wie sollen wir solchen Menschen begegnen?

Jesus Christus hat darauf eine ziemlich direkte Antwort gegeben. Er sagt: »Liebet eure Feinde. Tut Gutes denen, die euch hassen, segnet, die euch fluchen, betet für die, die euch misshandeln« (Matthäus 5, 44).

Wenn Sie sich diese Verse zu Herzen nehmen, merken Sie, dass das Leben als Christ nicht ein »normales« Leben ist, denn es kommt nicht aus unserem natürlichen Wesen heraus, dass wir unsere Feinde lieben würden und die segnen, die uns fluchen, oder für die beten, die uns misshandeln. Es ist ja manchmal schon schwer genug, seine Freunde zu lieben.

In der Bibel wird den Menschen, die mit Gott leben, einiges versprochen. Unter anderem wird von Früchten geschrieben, die in uns wachsen, wenn wir mit Jesus leben. Zum Beispiel werden da genannt: Liebe, Freude, Geduld und Güte. Und diese Früchte wachsen nur da in unserem Leben, wo wir mit dem in Verbindung sind, der sie wachsen lässt, Jesus Christus, und ihm und seinem Wort vertrauen.

Die ganze Entwicklung ist ein Vertrauensschritt. Das Interessante daran ist: Wenn Sie sich in der Nähe von Jesus aufhalten, sich von ihm und seinem Wort prägen lassen, dann wird diese Frucht ganz automatisch in Ihr Leben hineinkommen. Wie ein Apfelbaum keine Mühe hat, Äpfel zu produzieren, so wird der, der sich an Jesus hält und ihm vertraut, diese Früchte hervorbringen.

128

Wenn wir uns verlassen fühlen

Es ist schlimm, wenn man von allen Freunden verlassen ist, wenn man ganz alleine ist und nirgendwo Halt findet. Mose, dem Diener Gottes im Alten Testament, ist das ähnlich ergangen. Das Volk war gegen ihn. Selbst sein Freund Josua hatte definitiv den Durchblick verloren. Auf einmal betete das Volk Israel ein goldenes Kalb an. In dieser Situation sagt Gott zu Mose: »Siehe, da ist ein Raum bei mir, da sollst du auf dem Felsen stehen« (2. Mose 33, 21).

In der Gegenwart Gottes ist Platz für uns. Ein Platz, wo wir sicher stehen können. Und die Begegnung mit Gott verändert unsere Situation. Sie gibt uns Kraft, sie gibt uns Hoffnung. Mose war ein veränderter Mann, als er von dem Berg aus der Gegenwart Gottes zurückkam. Und er konnte das Volk weiter führen.

Bei Gott ist Raum auch für Sie, auch für Ihre Situation, auch da, wo Sie vielleicht ganz alleine sind. Bei ihm ist Kraft. Kraft zur Veränderung, und Kraft zu dem Leben, das Gott uns schenken möchte.

129

Sie haben die Wahl

Es gibt viele Dinge im Leben, die schwer einzuordnen sind. Dazu gehören auch die Ungerechtigkeiten, die kleinen und die großen, die wir immer wieder im Leben erleiden.

Eins ist aber gewiss: Wenn ich den Ungerechtigkeiten des Lebens erlaube, meine Einstellungen zu bestimmen, dann gebe ich das Letzte auf, was ich noch kontrollieren kann, nämlich meine Reaktionen und meine Antworten.

Vielleicht kennen Sie ja auch den Satz: »Du machst mich wütend.« Dieser Satz stimmt nicht ganz. Die Umstände des Lebens und die Menschen geben mir eine Wahl: Ich habe mich dazu entschlossen, mich darüber zu ärgern und wütend zu werden. Und sobald ich diese Entscheidung treffe, verliere ich die Kontrolle über meine Gefühle und werde eine Marionette der Umstände, gesteuert durch die Umstände des Lebens. Eine Marionette reagiert nur auf die Bewegungen, die der Puppenspieler ihr erlaubt. Wenn ich so auf die Umstände und Ungerechtigkeiten des Lebens reagiere, bin ich nicht mehr als eine Marionette.

Ungerechtigkeiten tun natürlich weh, aber ich möchte doch versuchen, mich in den Situationen so zu verhalten, wie Gottes Wort es mir ermöglicht. Der Apostel Paulus sagt in Römer 8, 31: »Ist Gott für uns, wer mag wider uns sein?« Und in demselben Kapitel, Vers 37: »Aber in dem allen überwinden wir weit durch den, der uns geliebt hat.«

Ich kann den Schmerz und die Ungerechtigkeit des Lebens nicht leugnen, aber ich kann eine Entscheidung treffen, wie ich auf die Ungerechtigkeiten des Lebens reagiere. Vielleicht gelingt es mir nicht immer beim ersten Anlauf, alles wieder richtig ins Lot zu bekommen, aber mit Gottes Hilfe lerne ich nicht nur seine Vergebung kennen, sondern auch, dass er Wunden heilt.
Wir können im Leben nicht kontrollieren, was auf uns zukommen wird. Aber mit Gottes Hilfe können wir bestimmen, wie wir darauf reagieren möchten.

130

Wer darf uns prägen?

Sicher kennen Sie den Spruch: »Sag mir, mit wem du umgehst, und ich sage dir, wer du bist.« – Es ist schon erstaunlich, wie sehr wir von den Menschen geprägt werden, mit denen wir zusammenleben. Zugleich stürmt täglich eine Flut von Informationen auf uns ein, die unser Denken und Handeln beeinflussen.

Wir können gar nicht verhindern, dass viele Dinge unser Verhalten mitbestimmen, ohne dass uns das oft recht bewusst wird. Aber wir können wählen, was unser Leben entscheidend beeinflussen soll. Wenn wir uns öffnen für das, was Gott denkt und will, dann wird uns vor allem prägen, was Er zu uns redet. Wir verstehen dann auch, warum Petrus gesagt hat: »Herr, zu wem sollen wir gehen? Du hast Worte des ewigen Lebens« (Johannes 6, 68).

Gott selbst sagt: »Also soll das Wort, das aus meinem Munde geht, auch sein: Es soll nicht leer zu mir zurückkehren, sondern ausrichten, was mir gefällt, und durchführen, wozu ich es sende« (Jesaja 55, 11). Gott will durch das Wort der Bibel zu uns reden; das soll uns trösten und weiterhelfen, dadurch will er uns den Weg zeigen. Wer auf Gott und sein Wort hört, dem gilt die Zusage, dass Gott mit ihm zum Ziel kommen wird. Sein Wort kehrt nicht leer zu ihm zurück. Das bedeutet zugleich, dass Gott uns auch dann nicht aufgibt, wenn wir versagen oder unsere eigenen Wege gehen. Entscheidend ist, dass wir von dem, was er zu uns sagt, leben wie von der täglichen Nahrung. Damit erlauben wir ihm, uns zu prägen und Menschen aus uns zu machen, in denen sich seine Liebe spiegelt.

131

Alles geplant?

Es geht nichts über eine gute Planung. Wer im Leben vorwärts kommen will, muss Prioritäten setzen und dann auch einhalten. Es kommt entscheidend darauf an, die richtige Rangfolge festzulegen. Und unser Verhältnis zu Gott sollte dabei den ersten Platz einnehmen.

Jesus selbst hat uns durch sein Leben gezeigt, wie man eine Beziehung zu Gott aufbaut. Er hat sich nicht durch die Ansprüche und Herausforderungen bestimmen lassen, die an ihn herangetragen wurden, sondern er richtete sein Handeln nach Gottes Willen aus. Jesus sagt: »Ich kann nichts von mir selbst tun. Wie ich höre, so richte ich, denn ich suche nicht meinen Willen, sondern den Willen dessen, der mich gesandt hat« (Johannes 5, 30).

Dahinter verbirgt sich ein Geheimnis: Menschen, die auf Gott hören, lassen sich nicht mehr von anderen Menschen aufzwingen, wie ihr Leben verlaufen soll. Und sie verzagen auch nicht vor großen Herausforderungen. Denn sie hören primär nur noch auf eine Stimme: die Stimme Gottes. Jesus hat oft ganze Nächte dazu benutzt, um zu beten und auf seinen Vater im Himmel zu hören. Er hat über dieses Verhältnis gesagt: »Denn der Vater liebt den Sohn und zeigt ihm alles, was er selbst tut« (Johannes 5, 20). Da, wo wir Gottes Nähe suchen, da gibt er sich auch uns zu erkennen.

In der Bibel wird berichtet, dass er seine Jünger zuerst zu sich gerufen hat und mit ihnen zusammen war. Danach erst hat er sie ausgesandt, um von ihm zu reden und anderen zu helfen.

Vielleicht stehen Sie momentan besonders unter Druck. Sie müssen Entscheidungen treffen, Unternehmungen planen und vieles erledigen. Achten Sie dabei auf die richtigen Prioritäten. Stürzen Sie sich nicht in Aufgaben, bevor Sie nicht ausführlich mit Gott darüber geredet und erkannt haben, was er will.

132

Der Stolz darf kein Stolperstein sein

Kennen Sie auch das Gefühl, wenn Sie sich so richtig auf verlorenem Posten befinden? Sie fragen sich, warum Ihnen denn keiner zeigt, was jetzt dran ist und wo es langgeht. Und Sie fragen, warum Gott schweigt und Ihnen nicht den Weg zeigt, den Sie gehen sollen. Manche Entscheidungen sind auch sehr schwer zu fällen.
Nun ist es aber oft so, dass das Problem nicht da liegt, dass Gott uns nicht seine Antworten mitteilen möchte, sondern dass wir gar nicht in der Lage sind zu hören. Unsere Ohren sind zu, und das Wachs, das in den Ohren liegt, hat den Namen »Stolz«.
Kennen Sie das nicht auch? Da fährt man in eine Stadt hinein und weiß, man hat sich verfahren. Aber bis man das endlich zugibt und anhält, um jemanden wieder nach dem richtigen Weg zu fragen, dauert es halt sehr lange. Man meint, man könnte sich doch noch selbst zurechtfinden.
Wer zu Gott kommt mit leeren Händen und mit einem offenen Herzen, der wird auch erfahren, wie Gott den Weg weisen wird. Der König David im Alten Testament hat es einmal so erfahren: »Ich will dich unterweisen und dir den Weg zeigen, den du gehen sollst. Ich will dich beraten, mein Auge auf dich richten, dich mit meinen Augen leiten. Seid nicht wie Rosse und Maultiere ohne Verstand, welchen man Zaum und Gebiss anlegen muss« (Psalm 32, 9).

133

Achten Sie auf die positiven Seiten

Vor einiger Zeit lasen wir einen interessanten Satz: »Zufriedenheit finden wir nicht in dem, was uns alles noch fehlt, sondern in dem, was wir haben.«

Vielleicht kennen Sie die Geschichte von dem Bauern, der mit seinem Hof nicht mehr zufrieden war. Jeden Tag entdeckte er etwas anderes, was hätte besser sein können; und das machte ihn immer unzufriedener. So entschloss er sich, seinen Hof zu verkaufen. Ein Makler wurde beauftragt, eine Anzeige aufzusetzen, und er führte darin alle Vorzüge des Hofes an. Er beschrieb die gute Lage, den modernen Maschinenpark, den fruchtbaren Boden, die erfolgreiche Viehzucht, schließlich das schöne Bauernhaus und den soliden Stall. Als der Bauer den Text las, rief er: »Stopp! Ich habe meine Meinung geändert. Ich verkaufe nicht. Einen solchen Bauernhof habe ich doch mein Leben lang gesucht!«

Der Apostel Paulus schreibt: »Ich habe gelernt, mit der Lage zufrieden zu sein, in der ich mich befinde.« Zufriedenheit ist demnach ein Lernprozess.

Beginnen Sie doch einfach einmal, auf die guten Eigenschaften eines Menschen zu achten oder die Vorteile einer Situation zu bedenken, die Sie vielleicht als misslich empfinden. Möglicherweise werden Sie entdecken, dass die positiven Aspekte die schlechten bei weitem übertreffen.

Von Herzen zufrieden wird, wer anfängt, Gott für das zu danken, was er hat und was er ist.

134

Eine Frage der Perspektive

Kennen Sie die Geschichte von dem Mann, der an einem Morgen zwei Menschen begegnet ist? Die eine Person war ein sehr reicher und wohlhabender Geschäftsmann. Dieser beklagte sich bei ihm, wie unzufrieden er wäre, dass sich seine Investitionen nicht so richtig lohnen würden und dass er gar nicht genug Zeit hätte, um auf seiner Yacht im Mittelmeer zu sein. Danach begegnet ihm eine alte Frau, die im Rollstuhl sitzt. Sie sagt ihm, wie dankbar sie für diesen neuen Tag ist und dass sie sich, obwohl sie nicht mehr gehen kann, doch freut, all das Schöne zu sehen und zu erleben.
Der Mann sagt zu sich: »Was kann ich nur daraus lernen? Höchstwahrscheinlich das, dass ich immer die verkehrten Leute bemitleide.«
Nun ehrlich, was können wir daraus lernen? Lernen können wir daraus, dass die Zufriedenheit des Lebens nicht durch die Umstände des Lebens bestimmt wird, sondern durch die Einstellung unseres Herzens. Und Gott hat verheißen, dass er den Menschen, die ihm vertrauen, ein frohes Herz schenken möchte; ein Herz, das weiß, dass er sie zu einem guten Ziel führt. Ein Herz, das überzeugt ist, dass die Güte Gottes sie nie verlassen wird – auch und gerade in schwierigen Zeiten.
Zufriedenheit ist auch eine Frage der Perspektive. Wenn wir das Leben durch Gottes Augen sehen und an seiner Hand gehen, können wir am Ende mit dem Psalmisten sagen: »Siehe, wie wunderbar der Herr seine Getreuen führet« (Psalm 4, 4).

135

Gott hält, was er verspricht

In der Bibel stehen eine ganze Reihe Verheißungen, die den Menschen gelten, die ihr Vertrauen auf Gott setzen. Da heißt es z. B. im Hebräerbrief, Kapitel 13: »Gott spricht: Ich will dich nicht verlassen noch versäumen, also dass wir getrost sagen mögen, der Herr ist mein Helfer, ich fürchte mich nicht.«

Es gibt viele Dinge im Leben, die uns mit Sorge und auch mit Angst erfüllen können. Und wenn diese Dinge in unserem Leben überhand nehmen, dann sagen wir mit anderen Worten: »Herr, ich höre dir nicht zu. Ich vertraue auch nicht deinen Verheißungen. Ich habe vergessen, dass du treu bist, und ich halte Ausschau nach etwas anderem, das mir eine Hilfe sein kann.«

Ist das vielleicht Ihre heutige Situation? Sehen Sie nur Berge vor sich, statt den, der Berge versetzen kann? Es ist einfach so, dass wir da, wo wir am wenigsten Verlangen danach haben, Gottes Wort zu lesen, es am nötigsten brauchen. Denn durch sein Wort spricht Gott zu uns. Genau in die Situation der Angst hinein.

Nehmen Sie doch Ihre Bibel zur Hand und lesen Sie einmal dieses 13. Kapitel des Hebräerbriefes. Vergessen Sie nie: Die Lösungen unserer Herausforderungen und Probleme sind nie im Problem zu finden, sondern bei Gott.

Weise sein heißt, schweigen zu können

Zum Alten Testament gehört das Buch der Sprüche, in dem viele Weisheiten festgehalten sind. So heißt es dort zum Beispiel: »Selbst ein Narr wird für weise gehalten, wenn er schweigt; für verständig, wenn er seine Lippen verschließt« (Sprüche 17, 28).
Calvin Coolidge, der 30. Präsident der Vereinigten Staaten, war ein äußerst reservierter Mann. Ein Reporter, der ihn interviewen wollte, soll folgendes Gespräch mit ihm geführt haben:
»Herr Präsident, bitte äußern Sie sich zu der gefährlichen Lage in Europa.«
Coolidges Antwort: »Nein.«
»Herr Präsident, bitte nehmen Sie zu dem Streik in der Textilindustrie Stellung.«
Coolidges Antwort: »Nein.«
»Bitte sagen Sie, wie Sie die Schwierigkeiten in der Landwirtschaft beurteilen.«
Coolidges Antwort: »Nein.«
Als der Reporter den Raum verließ, rief der Präsident ihm nach: »Bitte zitieren Sie mich nicht!«

Es ist weise, wenn man sich nicht zwingen lässt, Dinge zu sagen, die man nicht sagen möchte, oder über etwas zu sprechen, wofür die Zeit noch nicht reif ist. Schweigen hat etwas mit verweigerter Kommunikation zu tun. Es kann eine sehr effektive Form der Kommunikation sein.

Was man nicht sagt, braucht man später nicht zu erklären. Bitten Sie Gott, dass er Ihnen die Weisheit schenkt, zur rechten Zeit zu reden und zur rechten Zeit zu schweigen.

137

Weiser Umgang

Im Alten Testament gibt es ein Buch mit Sammlungen von Weisheiten, die der weise König Salomo zusammengefasst hat. Und da heißt es in Sprüche 13, 20: »Der Umgang mit dem Weisen macht dich weise. Wer aber an den Narren Wohlgefallen hat, wird in Sünde fallen.«

Kennen Sie die Geschichte von dem Skorpion und der Schildkröte? Der Skorpion war kein guter Schwimmer und fragte deshalb eine Schildkröte, ob er nicht auf ihrem Rücken mit über den Fluss schwimmen könnte. Die Schildkröte sagte: »Bist du verrückt? Du wirst mich stechen, und dann werde ich ertrinken.« Der Skorpion lachte und sagte: »Wenn ich dich stechen würde, dann würdest du ertrinken und ich würde mit dir untergehen. Und das ergibt doch keinen Sinn, oder?« Die Schildkröte dachte darüber nach und sagte dann: »Du hast Recht. Komm, spring auf meinen Rücken, und wir schwimmen gemeinsam über den Fluss.« Als sie auf dem halben Weg über den Fluss waren, stach der Skorpion die Schildkröte. Und als die Schildkröte anfing unterzugehen, fragte sie den Skorpion: »Warum hast du das getan? Du hast mir doch versprochen, mich nicht zu stechen! Jetzt werden wir beide untergehen.« Und der Skorpion, der am Ertrinken war, sagte: »Ich konnte mir nicht helfen. Das ist einfach Teil meines Wesens.«

Diese Geschichte und auch das, was in den Sprüchen steht, ist uns eine Erinnerung daran, dass wir den Charakter der Menschen, mit denen wir uns abgeben, doch näher anschauen sollten. Denn letztendlich wird jede Beziehung, die wir in unserem Leben pflegen, unserem Leben entweder Gutes tun oder uns schaden. Deshalb bitten Sie Gott, dass er Ihnen die richtigen Beziehungen in Ihrem Leben schenkt.

138

Geben Sie niemals auf!

Bei vielen Dingen, die wir im Leben unternehmen, fragen wir uns, ob sich das wirklich lohnt. Oft ist es nicht sofort erkennbar, ob ein Einsatz sich lohnt. Nach einer Studie eines gewissen Herrn Hill haben alle Erfolgreichen ein gemeinsames Kennzeichen: Durchhaltevermögen. Die wohl berühmteste Rede von Winston Churchill lässt sich in 6 Wörtern zusammenfassen: never, never, never, never give up. Auf Deutsch übersetzt: Gib niemals, niemals, niemals, niemals auf.
Die Bibel ruft uns genau dies zu, wenn sie im 1. Korintherbrief im Kapitel 15, 58 sagt: »Seid fest und beweglich, nehmet immer zu in dem Werk des Herrn, weil ihr wisset, dass eure Arbeit nicht vergeblich ist in dem Herrn.«
Für viele Menschen, die nach Erfolg jagen, ist das Ergebnis ihrer Bemühungen nicht gewiss. Menschen, die Gott vertrauen und am Glauben festhalten, dürfen wissen, dass all ihre Mühe nicht vergeblich ist. Wenn Ihnen momentan Ihre Aufgaben und Verantwortungsbereiche als eine Last und zu schwer erscheinen, dann denken Sie daran: Wenn Sie es zur Ehre Gottes tun, ist es nicht vergeblich, sondern bringt seinen Lohn. Wenn nicht schon auf dieser Welt, dann ganz gewiss in der Ewigkeit.

139

Wenn uns vergeben wird, dann bitte richtig!

Kennen Sie die Geschichte von der Frau, die ihrem Mann nach einem Fehltritt gesagt hatte: »Mach dir keine Sorgen. Das ist vergeben und vergessen.« Als sie es aber in den Monaten darauf immer wieder erwähnte, beklagte sich ihr Mann darüber, dass sie es immer wieder zum Thema mache, obwohl es doch vergeben und vergessen sei. Darauf antwortete sie: »Es ist vergeben und vergessen. Ich will dich nur immer wieder daran erinnern, dass ich es dir vergeben und vergessen habe.«

Nun, mit einer solchen Vergebung können wir wenig anfangen. Gottes Vergebung ist ganz anders. Sie gibt uns die Chance, neu anzufangen, ohne unsere Altlasten weiter mit uns herumzuschleppen. Dabei ist es so, dass Vergebung auch manchmal des Prozesses der Heilung bedarf. Bevor man die Entscheidung trifft zu vergeben, kann dieser Prozess nicht beginnen.

Gottes Wort sagt: »Vergebet einander, wenn einer wider den anderen zu klagen hat, gleichwie Christus euch vergeben hat, also auch ihr.«

Wer anderen Menschen vergibt, setzt nicht nur den anderen von seiner Schuld frei, sondern erlebt auch selber eine Befreiung. Diese Freiheit wünschen wir Ihnen.

140

Gott vertrauen lernen

Haben Sie sich schon einmal gefragt, warum es so einfach ist, Menschen zu glauben, und warum es so schwer ist, Gott Vertrauen zu schenken? Denken wir einmal darüber nach.

Sie gehen zu einem Arzt, dessen Namen Sie vielleicht gar nicht aussprechen können. Sie erhalten ein Rezept, das Sie nicht lesen können. Sie gehen zu einem Apotheker, den Sie nicht kennen; und Sie nehmen eine Medizin ein, von der Sie nichts verstehen. All das tun Sie mit großer Zuversicht, dass es Ihnen helfen wird. Das ist Glaube.

Warum ist es so viel einfacher, diesen unbekannten Menschen und Situationen zu vertrauen, als sich einem Gott anzuvertrauen, der treu ist und Sie in jeder Weise liebt? Die Antwort liegt wirklich darin, wem wir Vertrauen schenken. Vertrauen entsteht da, wo wir jemanden kennen lernen, ihn hören und Zeit mit ihm verbringen. Wir möchten Ihnen einfach Mut machen, weiter in Gottes Wort, der Bibel, zu lesen. Sie werden feststellen, wie vertrauenswürdig Gott ist!

Und wenn Sie Schritt für Schritt das tun, was in Gottes Wort steht, dann werden Sie erleben: Gott ist Wahrheit, und er steht zu seinem Wort. Und in Jesus Christus bietet er uns seine Gemeinschaft an, genau wie Jesus es selber gesagt hat: »Wer zu ihm kommt, den wird er in keiner Weise hinausstoßen« (Johannes 6, 37).

141

Das weiß nur Gott

Manchmal hören wir in Gesprächen den Satz: »Das weiß nur Gott und sonst keiner« – und das stimmt. Es gibt viele Dinge im Leben, die letztendlich nur Gott bekannt sind. Nur man muss mit diesem Satz nicht aufhören, denn in der Bibel steht auch: »Bittet, so wird euch gegeben« (Matthäus 7, 7). Und wir dürfen Gott auch um Antworten bitten. Er ist kein Geheimniskrämer, der uns seinen Willen vorenthalten möchte.

In der Bibel steht: »Wenn aber jemand unter euch Weisheit mangelt, so erbitte er sie von Gott, der allen gerne und ohne Vorwürfe gibt, so wird sie ihm gegeben werden« (Jakobus 1, 5).

Und wenn Gottes Antwort nicht so schnell kommt, wie wir sie erwarten, dann kann es ja daran liegen, dass Gott in erster Linie mehr Zeit mit uns verbringen möchte und dass wir ihm mehr Zeit geben sollen.

Und oft ist es ja so, dass Gott uns Dinge mitteilen möchte, die vielleicht gar nichts mit dem zu tun haben, was uns bewegt, aber doch die entscheidenden Dinge sind, die wir hören müssen.

Die alte Weisheit »Fragen kostet nichts« gilt auch bei Gott – ganz besonders dann, wenn wir bereit sind, auf ihn zu hören. Dann wird er uns segnen.

142

Nur für dich

Stellen Sie sich vor, Sie hätten die Gelegenheit, den wohl berühmtesten Prediger aller Zeiten zu hören, und er würde eine Ansprache nur für Sie ganz alleine halten. Das wäre doch was, oder?
Nun, es gibt einen Mann mit Namen Felix, der war Statthalter der Stadt Cäsarea, und in seinem Gefängnis saß der Apostel Paulus, der wohl bekannteste Verkündiger des Evangeliums von Jesus Christus. Felix ließ Paulus holen, und Paulus sprach direkt zu Felix. Und dann heißt es: Als aber Paulus zuletzt von einem Leben nach Gottes Geboten, von der Zügelung der Leidenschaften und vom kommenden Gericht Gottes sprach, wurde es Felix unbehaglich, und er sagte: »Für dieses Mal ist es genug. Du kannst jetzt gehen. Wenn ich wieder Zeit habe, lasse ich dich holen« (Apostelgeschichte 24, 25).
Das Verhalten dieses Mannes ist symptomatisch für viele Menschen – vielleicht auch für Sie. Wenn ich Zeit habe, dann lasse ich dich wieder holen. Wenn Gott zu Menschenherzen spricht und man nicht darauf reagiert, sondern meint, das zu einem späteren Zeitpunkt nachzuholen, muss man sich fragen, ob dieser Zeitpunkt jemals wiederkommen wird.
Von Felix lesen wir nicht mehr, dass er mal wieder Zeit hatte, um auf Gott und Gottes Wort zu hören. Es werden große Scharen von Menschen in einer ewigen Gottferne landen, weil sie um das Angebot der Rettung in Jesus Christus wussten, aber die Annahme dieses Angebotes hinausgeschoben haben.

Das Ganze lässt sich auch treffend in einem anderen Satz zusammenfassen:
»Die Errettung gilt nicht für die Menschen, die sie nötig haben, sondern für die, die sie annehmen.«

143

Bauen Sie den Frust ab

Es gibt Situationen, die uns zutiefst frustrieren. Zum Beispiel, wenn wir zu einer wichtigen Verabredung unterwegs sind und im Stau stecken bleiben. Man kann sehen, wie die Autofahrer, die es rechts und links von uns ebenfalls erwischt hat, nervös auf das Lenkrad trommeln, den einen oder anderen hört oder sieht man förmlich stöhnen. Es wird klar, dass man die Pläne für diesen Tag vielleicht über den Haufen werfen muss; die Autofahrer sind ungeduldig und verzweifelt.

Warten ist nicht immer einfach. Auch wenn es um das Handeln Gottes in unserem Leben geht, werden wir leicht ungeduldig. Gerade dann, wenn wir rasch weiter möchten, Gott unsere Wege und Absichten aber zu blockieren scheint.

In einer ganz anderen Situation, zu einer ganz anderen Zeit, hat das ein Psalmdichter so beschrieben: »Beharrlich habe ich auf den Herrn geharrt. Da neigte er sein Ohr zu mir und erhörte mein Schreien« (Psalm 34, 16).

Zur Erhörung unserer Gebete gehört beharrliches Warten. Es liegt nicht in unserer Hand, wie und wann Gott antwortet und handelt. Aber wir dürfen darauf vertrauen, dass er unsere Nöte und Bedürfnisse kennt und uns auf seine Weise zum Ziel bringen wird.

Sagen Sie Gott doch einfach die Dinge, die Sie beschäftigen und beschweren. Und dann gehen Sie Ihren Alltagsbeschäftigungen nach. Und vertrauen Sie darauf, dass er Ihnen zu seiner Zeit helfen wird.

144

Ehe es zu spät ist

Vor Jahren hörten wir einen Vortrag über Verbindlichkeit in der Ehe, wo der Referent das Modell der Ehekurve vorstellte. Eine Kurve, die beim Kennenlernen von zwei Menschen stark ansteigt, die in der Phase des Verliebtseins die Beziehung mit einer absoluten rosaroten Brille sieht. Das Ganze gipfelt an dem Tag der Verbindlichkeit, der Hochzeit. Von dort an geht's bergab ...

Unterschiede, die vorher kaum ins Gewicht fielen, werden jetzt zur Last. Dabei sind es dann die Kleinigkeiten, die das Miteinander schwierig machen. Ob man nun nachts im Schlafzimmer das Fenster offen oder geschlossen haben möchte; wie man sich mit welchen Freunden wann und wo treffen möchte; wie die Beziehungen zu den Schwiegereltern gestaltet werden sollen, wer sich um den Einkauf kümmert usw.

Die Ehekurve ging dann weiter in einer Talphase, die die Möglichkeit gab, die Unterschiedlichkeiten aufzuarbeiten, und dann stieg es anhand dieser Kurve in dieser Beziehung auch wieder stetig an. Bei der Vorstellung dieser Ehekurve saß jemand, der gerade geheiratet hatte. In der Fragezeit meldete er sich zu Wort und wollte wissen, wie lange denn die Talsohle anhält.

Talsohlen in zwischenmenschlichen Beziehungen, besonders in der Ehe, können von unterschiedlicher Dauer sein. Aber ob sie kurz oder lang sind – sie sind nur durchzustehen, wenn Treue und Verbindlichkeit Grundlage einer Beziehung sind. Weil Treue so entscheidend ist, hat Gott auch in seinem Wort festgelegt, dass die

Beziehung zwischen Mann und Frau in einer Ehe eine verbindliche, lebenslange Beziehung ist. (Matthäus 19, 4-6: »Lest ihr denn die Heiligen Schriften nicht? Da heißt es doch, dass Gott am Anfang Mann und Frau schuf und sagt: Ein Mann wird seine Eltern verlassen, um sich für immer mit seiner Frau zu verbinden. Beide werden ganz und gar eins sein. Sie werden also eins sein und nicht länger zwei voneinander getrennte Menschen.«)
Wir leben heute in einer Zeit, in der man vieles ausprobieren möchte, um sicher zu sein, dass man auch das Richtige tut. Aber gewisse Dinge im Leben kann man nicht ausprobieren, und dazu gehört die Treue. Treue und Liebe haben auch etwas mit Gefühl zu tun, aber primär sind sie eine Willensentscheidung.
Wenn Gott den Menschen Gebote gibt, hat er sich dabei auch etwas gedacht. Er möchte ja unser Bestes. Warum fordert Gott uns zur Treue auf?

1. Treue gibt den Freiraum, den die Liebe braucht, um zu wachsen. Liebe ist lebendig und nicht statisch. Sie bedarf der Geborgenheit, die sie in der Treue findet.
2. Treue bildet die Grundlage, um die Spannungen im zwischenmenschlichen Bereich in Ruhe aufzuarbeiten.
3. Treue schenkt die Zeit, um Korrekturen im Leben vorzunehmen. Fehler können jedem passieren, und da, wo Treue das Fundament bildet, kann Vergebung Fuß fassen.
4. Treue führt zu der Einheit, die zwischen Mann und Frau bestehen soll.
5. Treue gibt die Zeit, um die Stärken und Schwächen des Partners zu erkennen und damit umgehen zu lernen.
6. Treue schenkt das Erleben, den anderen in seiner Jugend wie im Alter schätzen und lieben zu lernen.

7. Treue lässt uns Erfahrungen machen, auch schmerzhafte Erfahrungen, die unseren Charakter so formen, dass wir barmherziger mit uns und anderen werden.
8. Treue gibt auch die Möglichkeit, eine erkaltete Liebe wieder zu beleben.

Ganz gewiss leben wir in einer Zeit, in der Verbindlichkeit und Treue nicht groß geschrieben werden. Und doch ist das etwas, nach dem wir uns alle sehnen. Nicht nur in der Ehe, sondern in allen zwischenmenschlichen Beziehungen ist Treue viel mehr als ein Wort. Es ist vielmehr eine Verheißung für eine Beziehung. Genauso wie Gottes Treue für uns eine unumstößliche Garantie und Hoffnung ist.

145

Wer zuletzt lacht ...

Ein altes Sprichwort sagt: »Wer zuletzt lacht, lacht am besten.« Diese Lebensweisheit bestätigt sich immer wieder, und bestimmt haben Sie das auch schon einmal erlebt. Nur, wer wird zuletzt lachen? Wer kann auch am Ende froh sein, die richtige Entscheidung getroffen zu haben? Ja, dazu müsste man die Zukunft kennen.

Ihre Zukunft können wir Ihnen nicht voraussagen, aber wir können Sie auf den verweisen, der Ihre Zukunft kennt: Jesus Christus. Er sagt von sich: »Ich bin der Anfang und das Ende« (Offenbarung 22, 13).

Dieser Jesus Christus, der Ihr Leben kennt, bietet an, Sie durch das Leben zu führen. Den Menschen, die sich ihm anvertrauen, hat er versprochen, sie zu begleiten bis zum Ende der Welt. In anderen Worten, Sie sind nie mehr allein, egal, in welcher Situation Sie sich befinden.

Dieses Leben mit Jesus Christus beginnt mit einer Standortbestimmung. Wenn Sie sich mit dem Auto verfahren haben, müssen Sie zuerst feststellen, wo Sie sich genau befinden. Dann erst können Sie den Weg zum Ziel festlegen.

Nach dem Wort der Bibel befindet sich jeder Mensch zuerst einmal fern von Gott. Der eine mehr als der andere, aber es ist die Sünde, die den Menschen von Gott trennt. Diese Sünde ist wie eine hohe Wand. Eine Wand aus Gleichgültigkeit, Rechthaberei, Hass, Neid, Betrug, Unehrlichkeit und vielem mehr. Trotz allem guten Willen kann kein Mensch diese Wand überwinden. Doch Jesus ist die Tür in dieser Wand. Gott hat die Sünde und Schuld aller Menschen auf Jesus gelegt, damit der Mensch wieder zu ihm kommen kann. Dieses Angebot gilt auch Ihnen. Und Jesus nimmt nicht nur die Schuld weg, er erfüllt unser Leben und schenkt uns Frieden und die Gewissheit eines ewigen Lebens. Dass diese Gewissheit kein Wunschdenken ist, erfahren Sie durch Menschen, die sich Jesus anvertraut haben und denen er den Weg zeigt, den sie gehen sollen. Gottes Frieden, seine Freude und Liebe können Sie heute schon in Ihrem Leben erfahren. Deshalb möchten wir Ihnen Mut machen, Ihr Vertrauen ganz auf Jesus Christus zu setzen, der am Kreuz von Golgatha auch Ihre Sünde getragen hat und Sie dort mit dem heiligen Gott versöhnte. Das ist die beste Zukunftsversicherung, die Sie abschließen können, denn sie gilt selbst über den Tod hinaus.

146

Wüstenerfahrungen

Es gibt Tage, an denen anscheinend alles schief geht. Das fängt schon morgens an, wenn das Duschwasser nicht warm wird, und setzt sich bei der Arbeit fort, wo es scheinbar nur Ärger gibt.
David kannte auch diese Tage, an denen alles verloren erschien. Als er vor seinem eigenen Sohn in die Wüste Judäa fliehen musste, schrieb er: »Gott, du bist mein Gott, den ich suche. Es dürstet meine Seele nach dir, mein ganzer Mensch verlangt nach dir aus trockenem, dürren Land, wo kein Wasser ist« (Psalm 63, 2).
Was David um sich herum sah, das beschrieb, wie es in seinem Herzen aussah: leer, traurig, trostlos, ausgebrannt. Wie in einer Wüste. Er hatte scheinbar alles verloren. Aber er war weise genug, um zu wissen, dass dann, wenn nach außen hin alles am Ende zu sein scheint, sein Verhältnis zu Gott umso mehr in Ordnung sein muss.
David war in seinem Leben immer wieder in Sackgassen gelaufen. Aber am Ende solcher Erfahrungen heißt es immer wieder: »David erquickte sich« oder »David aber stärkte sich in dem Herrn, seinem Gott« (1. Samuel 30, 6).
So konnte David auch auf der Flucht vor seinem eigenen Sohn beten: »Denn deine Güte ist besser als Leben, meine Lippen preisen dich. So will ich dich loben mein Leben lang und meine Hände in deinem Namen aufheben.«
Gott möchte uns immer nahe sein, ganz besonders dann, wenn wir am Ende unserer Kraft sind.

147

Nicht durchs Leben schleudern

Stellen Sie sich vor, Sie haben heute einen ganz wichtigen Termin im Rathaus. Es geht um Ihre Zukunft, um Ihre Existenz. Sie fahren in Ihrem Auto, es ist Winter und Ihre Gedanken sind bei dem wichtigen Termin, der vor Ihnen liegt. Plötzlich gerät Ihr Auto ins Schleudern. Sofort sind Ihre Gedanken nicht mehr bei dem so wichtigen Termin. Ihr ganzes Denken konzentriert sich auf die momentane Situation.

Im Leben geht es uns auch oft so. Wir schleudern mehr oder weniger durchs Leben, versuchen, es in den Griff zu bekommen, und vergessen dabei, dass jeder Mensch einen wichtigen Termin bei Gott hat.

Überhaupt ist unser Leben auf Gott hin ausgerichtet. Es heißt von Jesus, dass alles – Unsichtbares und Sichtbares – durch ihn und zu ihm hin geschaffen ist. Und er ist vor allem, und alles besteht in ihm.

Der Mensch lässt sich allzu schnell von diesem wichtigen Termin mit Gott ablenken.

Was bestimmt Ihren Tagesablauf? Lesen Sie noch in der Bibel, um zu erfahren, was Gott meint und was er Ihnen zeigen möchte? Nehmen Sie sich doch heute Zeit für Gott.

Die richtige Weichenstellung

»Die Zukunft ist auch nicht mehr das, was sie mal war.« Dieser Satz wird Casey Stengel zugeschrieben und offenbart etwas von der Desillusion unserer modernen Gesellschaft. Man lebt mit einem gedämpften Zukunftsoptimismus und erkennt, dass zum ersten Mal in der Geschichte der Menschheit die Wildnis sicherer ist als die »Zivilisation«. In der Wildnis gibt es keine Bombenanschläge auf Bürogebäude, keinen Drogenmarkt, kein Asbest und kein Atommüll-Zwischenlager vor der Haustür.

»In den nächsten 20 Jahren wird die Menschheit eine der größten technologischen Revolutionen erleben«, schreibt das amerikanische Wirtschaftsmagazin »Business Week«. Möglich gemacht wird dies alles dank dem Computerchip, der sich in seiner Leistungsfähigkeit alle 18 Monate verdoppelt.

Faith Popcorn, Leiterin des Martkforschungsinstitutes »Brain Reserve«, prognostizierte für die 90er-Jahre: »Die Aussichten sind gut. Wir werden endlich lernen, unsere Technologie zu optimieren – unsere Ressourcen zu strecken und unsere Seele zu retten.«

Egal, wie sich nun die Welt entwickeln wird – wenn es darum geht, unsere Seele zu retten, dann zählt nur die Wahrheit. Die Wahrheit, die frei macht, und die Wahrheit, die den Menschen wieder in die Gemeinschaft mit Gott führt. Die Wahrheit, die Jesus Christus ist.

Wer auf dem Weg in die Zukunft die richtige Weichenstellung treffen möchte, der sollte sich an dem Wort des Propheten Jeremia orientieren: »Tretet hin an die Wege und schaut und fragt nach den Pfaden der Vorzeit, welches der gute Weg sei, und wandelt darauf, so werdet ihr Ruhe finden für eure Seelen« (Jeremia 6, 16a).

149

Richtig oder falsch

Da steht der kleine Sohn des Polizeibeamten in der Tür und ist stolz wie Oskar, denn er hat die Polizeimütze seines Vaters aufgesetzt. Natürlich ist sie viel zu groß und rutscht dem Burschen über beide Ohren. Aber er fühlt sich wie ein richtiger Polizist. Und doch ist er keiner.

Manche Menschen fühlen sich auch richtig als Christ. Sie sind getauft, haben am Konfirmandenunterricht teilgenommen, und wenn man sie nach ihrer Religionszugehörigkeit fragt, können sie ohne zu zögern ihre christliche Konfession nennen. Aber ist man dadurch wirklich ein Christ?

Man ist doch eher so wie das Kind mit der Polizeimütze. Christentum wurde einem übergestülpt, unvergebene Schuld aber – die Last der Sünde – bleibt. Jesus Christus als persönlicher Retter ist einem nicht bekannt.

In diesem Durcheinander der Gefühle von Christsein und als Christ leben dürfen wir erkennen, dass Jesus Christus in unser Leben hinein kommen möchte. Ja, in der Beziehung zu ihm erfahren wir, was Christsein bedeutet. Dazu gehört auch, dass ich auf das Wort vertraue, das er in der Bibel gesagt hat: »Wer die Tür auftut, zu dem werde ich einkehren.«

Haben Sie Jesus schon die Tür Ihres Lebens geöffnet?

150

Alles aus Gnade

Empfinden Sie manchmal einen großen Leistungsdruck? Am Arbeitsplatz, in der Schule, in der Familie, aber auch in der christlichen Gemeinde – überall wird man gefordert. Und man möchte ja auch gerne den Erwartungen gerecht werden, kann es aber nicht allen recht machen.

Manchen Leistungsdruck legt der Mensch sich aber selber auf. Besonders in seiner Beziehung zu Gott versucht er immer wieder, durch seine guten Taten den Anforderungen Gottes gerecht zu werden. Durch Almosen, gute Werke und religiöse Treue versucht so mancher, mit Gott ins Reine zu kommen, und tut sich dabei furchtbar schwer.

Gott erwartet aber keine großartigen Leistungen. Seinem Maßstab kann der Mensch aus eigener Kraft sowieso nicht gerecht werden. So steht es auch in der Bibel: »Denn aus Gnade seid ihr selig geworden durch Glauben, und das nicht aus euch: Gottes Gabe ist es, nicht aus Werken, damit sich nicht jemand rühme.«

Gottes Erwartung an uns ist, dass wir ihm vertrauen und ihn beim Wort nehmen. Dabei brauchen wir uns auch nicht um die guten Werke zu sorgen. Es heißt weiter in der Bibel: »Denn wir sind sein Werk, geschaffen in Jesus Christus zu guten Werken, die Gott zuvor bereitet hat, dass wir darin wandeln sollen.«

Gott zu vertrauen, ist die Grundlage für ein Gott wohlgefälliges Leben.

Mit Gott per Du

Unzählige Menschen bezeugen: Jesus lebt und lässt sich erleben. Und auch die Bibel spricht immer wieder davon, dass Gott sich nach uns Menschen sehnt und deshalb seinen Sohn zu uns schickte. Doch lesen Sie zum Abschluss des Buches selbst, wie Gott über die Menschen denkt und was er unternommen hat, damit wir ihm begegnen können.

1. Gott liebt die Menschen.
»Denn mein Plan mit euch steht fest: Ich will euer Glück und nicht euer Unglück. Ich habe im Sinn, euch eine Zukunft zu schenken, wie ihr sie erhofft. Das sage ich, der Herr« (Jeremia 29,11).
»Gott hat die Menschen so sehr geliebt, dass er seinen einzigen Sohn hergab. Nun werden alle, die sich auf den Sohn Gottes verlassen, nicht zu Grunde gehen, sondern ewig leben« (Johannes 3, 16).

2. Jeder ist vor Gott schuldig geworden.
»Kein Mensch kann vor Gott als gerecht bestehen; kein Mensch hat Einsicht und fragt nach Gottes Willen. Alle haben den rechten Weg verlassen, verdorben sind sie alle, ausnahmslos. Niemand ist da, der Gutes tut, nicht einer« (Römer 3, 10-12).

3. Jesus Christus ist der einzige Ausweg.
»Ganz unverdient, aus reiner Gnade, lässt Gott sie vor seinem Urteil als gerecht bestehen, aufgrund der Erlösung, die durch Jesus Christus geschehen ist. Ihn hat Gott vor aller Welt als Sühnezeichen aufgerichtet. Durch sein Blut, das am Kreuz vergossen wurde, ist die Schuld getilgt. Das wird wirksam für alle, die es im Glauben annehmen« (Römer 3, 24 – 25a).

4. Sie können ein neuer Mensch werden.

Jesus sagt: »Nur wer von oben her geboren wird, kann Gottes neue Welt zu sehen bekommen« (Johannes 3,3).

»Wenn also ein Mensch zu Christus gehört, ist er schon eine neue Schöpfung. Was er früher war, ist vorbei; etwas ganz Neues hat begonnen« (2. Korinther 5, 17).

5. Schenken Sie Jesus Christus Ihr Vertrauen!

Wenn Sie gerne in diese persönliche Beziehung zu Gott treten möchten, dann öffnen Sie ihm Ihr Herz. Reden Sie einfach mit ihm. Wenn Sie nicht wissen, was Sie sagen sollen, dann können Sie folgendes Gebet einfach von Herzen nachsprechen: »Herr Jesus Christus, ich brauche dich. Ich habe bisher ohne dich gelebt, bitte vergib mir! Danke, dass du am Kreuz für meine Schuld gestorben bist und so den Weg zu Gott frei gemacht hast. Ich gebe dir meine Schuld und nehme dich als meinen Retter an. Werde der Herr über mein Leben und gestalte mich so, wie du mich haben möchtest. Amen.«